AF397002

DE

FROESCHWILLER

A PARIS

ÉMILE DELMAS

DE
FROESCHWILLER
A PARIS

NOTES

Prises sur les champs de bataille

PARIS

ALPHONSE LEMERRE, ÉDITEUR

47, PASSAGE CHOISEUL, 47

—

1871

AU LECTEUR

Ces notes étaient simplement destinées, dans le principe, à retracer à quelques amis les souvenirs d'une campagne hospitalière, où tout nous fut commun.

Enfermé depuis quatre mois dans Paris, l'auteur a été entraîné à les publier, en les accompagnant d'observations qui peuvent avoir une utilité générale. Elles résument des impressions que rien, hélas! n'est venu modifier pendant la période du siége; leur unique mérite est d'être sincères et puisées dans le plus vif amour de la patrie.

E. D.

PRÉLIMINAIRES

Depuis le désastre de la monarchie autrichienne à
Sadowa, une incertitude pénible régnait en France
sur l'avenir de nos relations avec la confédération des
États du nord de l'Allemagne; il y avait dans le sentiment public une intuition vague des événements fu-
turs; les affaires commerciales souffraient et, bien que
la plupart des esprits, étrangers aux combinaisons
diplomatiques, ne pussent s'expliquer la nécessité d'un
conflit, il n'en était pas moins visible pour tous que
le pays s'était peu à peu préparé à cette éventualité,
et que, désireux d'en finir, il accueillerait avec soula-

gement toute déclaration quelle qu’elle fût, belliqueuse ou pacifique.

Quelle pouvait être pour deux grandes nations civilisées, instruites, riches l’une et l’autre de commerce et d’industrie, la raison de se rencontrer sur les champs de bataille ? Quel pouvait être l’intérêt assez grave pour justifier le sacrifice de leur prospérité et l’épouvantable effusion de sang que promettait l’application de la science aux moyens de destruction? L’énigme était fort obscure et, pour tenter de la résoudre, il faut jeter un coup d’œil rétrospectif sur le courant d’idées dans lequel nous nous laissions, depuis dix ans, indolemment flotter.

Quelques penseurs, riches de théories, avaient, dans les dernières années, soulevé la question des races latines et affirmé, de leur propre autorité spéculative, l’envahissement et l’antagonisme des races saxonnes. On avait très-doctement écrit pour en fournir la preuve ; logique, esprit, érudition, on avait mis tout à réquisition pour suivre sur ce terrain la pensée oisive du souverain et pour aider cette idée confuse à prendre une forme ; si bien qu’on lui fit passer les mers, escortée d’une armée, d’un prince et d’un milliard, et le Mexique fut invité à se prêter à l’expérience. Chacun sait ce qu’il en advint : l’armée rentra décimée, le prince ne revint pas et le milliard resta ; par contre, on réussit à merveille à donner un premier corps à l’antagonisme, et nos relations avec les États-Unis d'Amérique prirent un caractère de défiance hostile.

Sauver les races latines, les conserver pures, les préserver par une latente coalition des envahissements du génie saxon : tel était le programme des prétendus habiles. Quant aux simples, ces gens honnêtes ouvraient de grands yeux ; ils voyaient les deux hémisphères également accessibles à toutes les énergies, sans exclusion, sans préférence de races ; ils sentaient nos provinces de l'Est enrichies et fortifiées par leur contact pacifique avec l'Allemagne ; ils ne pensaient pas qu'une race dût fatalement en absorber une autre ; ils cherchaient en vain l'antagonisme dans les faits ou dans les éventualités internationales et, ne l'y trouvant pas, ils osaient songer tout bas que chaque race, au contraire, peut emprunter et prêter au génie de la race voisine, puiser dans cet échange une nouvelle grandeur et se développer indéfiniment dans la paix.

Mais ceux qui pensaient ainsi étaient peu nombreux, modestes, ignorés, ridicules peut-être, timides à coup sûr. D'ailleurs, grâce à dix-neuf années d'une éducation émolliente, l'esprit public en était au lymphatisme ; il arrive des heures où la pensée énervée ne trouve plus ni la force de se produire ni la volonté de s'exprimer ; elle se complaît alors dans les utopies des rhéteurs ; incapable des travaux positifs, elle donne en pâture à son engourdissement quelque théorie chimérique ; se croyant, sur ces hauteurs, au-dessus des réalités à résoudre, et se déclarant satisfaite du cercle

confus où elle croit exercer son indépendance. Indifférence, lassitude ou découragement, les honnêtes gens
se turent, et l'idée fausse d'un conflit nécessaire fit sa
route; on vit une menace politique dans le développement et la marche vers l'unité d'un grand peuple; on
trouva commode d'en faire une question de supériorité, de prédominance européenne; en un mot, on
se crut en droit d'attenter à la liberté d'organisation
de l'Allemagne.

La France entière, abusée, déprimée, conspira contre
elle-même et se fit naïvement la complice de ceux qui
la menaient à sa perte, sacrifiant la paix générale à
leurs rancunes et aux inspirations de leur amour-
propre humilié. C'était avec le sang de la nation qu'il
fallait effacer l'amer souvenir de l'entrevue de Biar-
ritz en 1866, et laver le récent outrage échappé au
roi de Prusse, outrage tout personnel à l'Empereur,
et dont l'écho avait retenti jusqu'aux Tuileries[1].

De louables tentatives furent faites, à l'occasion du
plébiscite, par les députés de la minorité pour secouer
la torpeur générale et ramener la vie politique dans
le corps de la nation; ces efforts eussent peut-être

---

1. Il est de notoriété publique aujourd'hui que plusieurs
combinaisons diplomatiques furent successivement proposées
par M. de Bismark au cabinet des Tuileries pour payer par
l'annexion d'une partie de la Belgique à la France notre assen-
timent aux agrandissements consommés ou projetés par la
Prusse aux dépens du Danemark et de la Hollande. Une der-

abouti en dépit des entraves que le pouvoir personnel apportait à la libre discussion et malgré l'atonie du pays amolli par une apparente prospérité; mais ils furent déjoués par des incidents dont le jugement doit appartenir à l'histoire : je veux parler des émeutes de Belleville; ces événements jetèrent le trouble dans les esprits; le pays, effrayé par un fantôme, se rejeta précipitamment sous la protection du pouvoir et, le 8 mai 1870, par sept millions de suffrages, ajournant son émancipation, il affirma, non pas sa confiance, mais sa résignation.

Je dis à dessein sa résignation; car les termes dans lesquels avait été posée la question formulée par le plébiscite ne satisfirent personne; ils étaient plus habiles que loyaux, et l'électeur n'eut pas le choix : placé entre les excès d'une démagogie menaçante et les engourdissements du régime impérial, il s'imagina voter pour la force au profit de l'ordre.

Faut-il ajouter que le doute n'est plus permis aujourd'hui et que la divulgation de certains dossiers de la Préfecture de police a révélé que les émeutes dites des blouses blanches étaient organisées, dirigées,

nière tentative ayant échoué devant le refus catégorique de l'Empereur de suivre sur ce terrain le cabinet de Berlin, le roi Guillaume, en l'apprenant de son ministre, s'emporta, s'il faut en croire les indiscrétions de palais et de chambellans, jusqu'à s'écrier : « Je ne veux plus rien avoir à faire avec ce fils de p..... »

puis comprimées à grand bruit par les serviteurs de la dynastie déchue, pour préparer le verdict du scrutin. Ainsi fut enlevé par l'épouvante à la bonne foi de la nation le vote plébiscitaire, et le gouvernement, le transformant à son gré en une déclaration de confiance, sembla croire à sa propre infaillibilité.

Telle était la situation à la veille des graves événements qui se préparaient : l'esprit public par dix années de servage, le gouvernement par vingt années d'un pouvoir que le plébiscite sembla sanctionner, étaient également disposés à donner tête baissée dans le piége tendu à nos diplomates par l'habile ministre du roi de Prusse.

Il serait superflu de chercher à fournir les preuves de l'incapacité profonde de nos agents diplomatiques auprès de la cour de Prusse, et des hommes d'État qui tenaient en main nos destinées ; non-seulement ils n'avaient pas su discerner les menées bien visibles de M. de Bismark auprès du ministre d'Espagne, menées fort hésitantes, car, n'ayant jamais pris lui-même au sérieux la candidature d'un prince allemand au trône d'Espagne, le grand chancelier se demandait avec inquiétude si le piége ne serait pas pour nous trop grossier ; mais ils n'étaient pas même parvenus à se rendre compte du mouvement latent de préparation qui s'opérait en Allemagne depuis 1866 ; vainement un de nos officiers les plus distingués, M. Stoffel, notre attaché militaire à l'ambassade de Berlin, signa lait, dans des rapports précis et circonstanciés que nous connaissons aujourd'hui, les ressources menaçantes qu'accumulait la Prusse ; vainement il comparait cette organisation formidable à la nôtre ; vainement enfin la supériorité de l'artillerie prussienne était dénoncée par des rapports d'officiers et d'agents industriels : c'était comme un parti pris chez nos hommes d'État de fermer les yeux sur cette situation et, se croyant fort avisés, ils s'endormaient et nous endormaient dans une insouciante quiétude.

Blessés au vif, beaucoup moins par la boutade violente du roi de Prusse que par le sentiment qu'on les avait bafoués, nos diplomates, en prenant pour sérieuse la candidature espagnole, entrèrent à pleines voiles dans les eaux peu profondes où le cabinet de Berlin comptait bien les faire échouer.

Je n'imagine pas que, dans cette insignifiante provocation, notre dignité ni notre intérêt national fussent en jeu ; le passage d'un prince de Hohenzollern sur le trône d'Espagne eût eu vraisemblablement la durée du passage tragique d'un prince de Habsbourg sur le trône du Mexique, et le dénoûment probable eût été un ridicule échec pour la diplomatie prussienne ; mais il fallait une réparation à nos ministres dupés, une surtout à l'amour-propre froissé de notre souverain, et ces considérations suffirent à précipiter le cabinet des Tuileries dans la résolution de se venger de la sagacité par la force, du sarcasme par le canon.

Une note sévère dans la forme fut adressée à Berlin ; elle demandait que le roi de Prusse renonçât à a candidature du prince de Hohenzollern au trône d'Espagne. Calmé par son prudent ministre dans son orgueil de droit divin, le roi de Prusse consentit à affirmer qu'il avait été et qu'il resterait étranger à cette candidature ; une communication officielle annonçait en même temps au cabinet des Tuileries que le prince de Hohenzollern renonçait à ses prétentions. Quoique travaillée par un vieux levain d'esprit belliqueux, la France éprouva un soulagement instinctif et crut à la paix. Les fonds publics, qui du cours normal de 71 francs étaient tombés à 65 francs 50, dépassèrent 68 francs.

Attentif et patient, M. de Bismark avait bien compris qu'une satisfaction donnée à un prétendu intérêt national ne suffirait point à nos diplomates, que de nouvelles exigences allaient se produire, que la guerre en résulterait à son gré et, profitant des jours précieux réservés à l'échange des notes diplomatiques, il transmit à tous les États incorporés dans la confédération de l'Allemagne du Nord les ordres militaires en rapport avec la situation qu'il avait préparée depuis 1866.

Le roi de Prusse fut mis en demeure de donner à la France la garantie qu'un prince allemand ne prétendrait plus dans l'avenir au trône d'Espagne. Le roi se révolta dans la mesure qui plut au grand chancelier ; et sous l'inspiration de la Providence dont il ne devait plus désormais cesser d'être l'intime confident, il éconduisit brutalement notre ambassadeur et fit connaître à ses peuples, en les appelant aux armes, l'affront fait à la grande patrie allemande en la personne sacrée de son roi.

Sans qu'il fût besoin de grands arguments, le gouvernement français, de son côté, n'eut pas de peine à convaincre la nation que nous avions le droit pour nous, que la Prusse songeait à nous engloutir dans son insatiable pangermanisme et, devant ce fantôme, un pays de trente-huit millions d'âmes, abusé, enivré d'un faux patriotisme, en état d'enfance ou de barbarie, l'histoire en jugera, acclama la déclaration de guerre.

C'en était fait; on se couronna de fleurs; on demanda aux chants patriotiques de la grande époque quelques lueurs d'un enthousiasme trompeur; on se fit, à moitié avinés et engourdis, le serment de vaincre ou de mourir, comme si le pays était encore vivant! Fort de cette ivresse scénique, le pouvoir se fit pour un jour libéral et nous gorgea de licence; l'injustice et l'insulte se cachèrent sous le manteau d'un patriotisme criard; l'Allemagne fut transformée en un pays barbare, ses armées en·hordes sauvages, sa forte organisation en despotisme européen; tout prit un caractère d'exagération et, en quelques jours, un abîme, que tant de cadavres ne suffiront pas à combler, sépara deux peuples qui, huit jours avant, se communiquaient paisiblement leur force et leur richesse par les mille artères du commerce et de l'industrie.

Qui pourra mesurer une pareille responsabilité? Qui de nous voudrait la porter? Et cependant, sauf de rares exceptions, qui n'a point, en ces vingt années d'indignité, apporté sa pierre à ce funèbre édifice! Passionnés nous-mêmes par de vaines apparences d'ordre ou par certaines appréhensions de tumulte, nous avons tous concouru, nous tous, à une situation qui ne pouvait aboutir qu'à un désastre, désastre incomparable, sans précédent dans notre histoire, et dont nous ne pouvons trouver les similaires que dans les ruines amoncelées du Bas-Empire.

L'heure de l'expiation avait donc sonné et, le 18 juillet 1870, la France apprit que la guerre était déclarée.

II

MULHOUSE

Le sang avait coulé! l'insignifiant engagement de
Saarbruck fut suivi de près par le combat de Wissembourg, où la division du général Douay tomba héroï-
quement, écrasée sous le nombre. La nouvelle de cet
échec, succédant à un avantage dont les résultats furent
grossis à dessein par les bulletins ministériels, se
répandit rapidement d'une extrémité de l'Alsace à
l'autre; on annonçait que l'action avait été meurtrière
pour nos armes et chacune des villes frontières se mit
en mesure d'utiliser les secours réunis pour les blessés
par la charité privée; au premier rang figuraient Strasbourg, Colmar et Mulhouse, que leur importance
désignait comme devant être les premiers points d'évacuation des blessés.

Mulhouse!... petite ville de six mille habitants lorsqu'elle s'annexa librement à la France à la fin du siècle
dernier, abritant aujourd'hui une population de soixante-

dix mille âmes, Mulhouse, entre toutes les villes de l'Alsace, se fait remarquer par son développement régulier, rapide et pacifique.

Au premier abord, les raisons en paraissent obscures ; loin des ports de mer par lesquels s'importent, de tous les points du monde, les matières textiles, absolument privée de force hydraulique, obligée de demander aux gisements de Saarbruck ou de la Loire la moitié des houilles que le bassin de la Haute-Saône ne suffit point à lui fournir, grevée de frais importants pour l'exportation de ses produits fabriqués, Mulhouse et sa prospérité sont un problème pour un observateur étranger. Les raisons en sont transparentes pour ceux qui ont le loisir d'y séjourner : l'esprit d'ordre, d'économie, de persévérance laborieuse, de philanthropie et de solidarité bien comprises, la loyauté qui préside aux transactions, la large part faite au développement intellectuel de la classe ouvrière et à la poursuite patiente des problèmes industriels ou humanitaires, donnent bientôt la clef de l'énigme. On y conserve avec un légitime orgueil l'esprit d'indépendance communale et d'initiative individuelle transmis par les ancêtres, et, bien que les mœurs allemandes y persistent comme une tradition dans l'intérieur des familles, le patriotisme le plus ardent unit cette province à la France, à laquelle elle s'est librement donnée.

Il est dans l'ordre naturel des choses que les régions voisines du théâtre de la guerre, exposées elles-mêmes à ses vicissitudes, soient plus impressionnables et plus émues par ses préliminaires; elles ont, non pas le pressentiment, phénomène vague et le plus souvent trompeur, mais la prévision bien définie des événements. Aussi les rapports constants des industriels de la haute Alsace avec l'Allemagne du Sud ne leur laissaient-ils que peu d'illusions. Leurs investigations froides sur les sympathies des états du Sud pour la France et sur l'attitude qu'ils prendraient en cas de rupture diplomatique avec la Prusse, leurs impartiales observations sur l'organisation militaire habilement étudiée et appliquée par M. de Bismark, sur les ressources matérielles que l'Allemagne ferait entrer en ligne à l'heure de la grande guerre, sur les moyens de concentration rapide qu'elle pouvait attendre de ses réseaux ferrés et de la pratique exercée du personnel auquel ils étaient confiés, la conviction commune aux Allemands de toute dénomination que la guerre était imminente, justifiaient leurs appréhensions; aussi notre malheureuse province, déjà si éprouvée par quatre années de crise, accueillit-elle la déclaration de guerre avec une profonde inquiétude.

Quelques clameurs dans les rues, quelques drapeaux arborés dans un élan d'aveugle patriotisme, quelques chants nationaux entonnés par des enthousiastes irréfléchis, purent donner le change et laisser penser que la guerre était populaire. Mais, la première fièvre passée, le bon sens nous revint; chacun comprit que, victoire ou défaite, la ruine était au bout, que le deuil allait frapper à toutes les portes et que, si pour nous l'enjeu s'intitulait les provinces du Rhin, pour la Prusse il prenait nom l'Alsace et la Lorraine ! On se sentait soucieux ; on se refusait à douter de la victoire ; on se mentait à soi-même pour y avoir foi ; tel supputait notre effectif estimé à six ou sept cent mille hommes, dont chacun, pensait-il, valait bien deux soldats de la landwehr ; tel autre additionnait avidement le contenu de nos arsenaux et trouvait au chiffre de quinze cent mille chassepots une raison de s'endormir en paix ; tel autre enfin rappelait les prodiges accomplis par notre intendance en Crimée, les moyens rapides de concentration par lesquels nous avions étonné l'Europe à l'ouverture de la guerre d'Italie ; et, de bonne foi, devant l'inexorable fait de la guerre déclarée, dans un étourdissement volontaire inspiré par le plus pur patriotisme, oubliant ces évidences menaçantes dont le Rhin seul nous séparait, on se surprenait à escompter la victoire, à l'attendre de cet imprévu auquel nous avait habitués notre vaillante armée, et le cœur battait à ces noms résonnants de Mayence, Coblentz, Ehrenbreisten, où les fils allaient sans doute rajeunir la gloire impérissable des pères.

Les préparatifs se firent rapidement ; tandis que le nord, le centre et l'ouest de la France déversaient nos bataillons sur les frontières de l'est par la double ligne de Paris à Bâle et Paris à Strasbourg, l'armée d'Afrique débarquait à Marseille, ralliait sur son passage les forces disséminées dans le midi et, par la ligne de Lyon à Belfort, se dirigeait sur Strasbourg. C'est ainsi que, en moins de quinze jours, nous vîmes défiler à Mulhouse environ quatre-vingt mille hommes de toutes armes, destinés en partie à former ce corps d'armée, notre plus solide espérance, dont le commandement était réservé au maréchal Mac-Mahon.

Je garderai toujours le souvenir de ces journées remplies du bruit des armes, des chants des soldats, de cris triomphants, d'imprécations, d'adieux et de larmes furtives. Elles sont belles à voir ces troupes bronzées; la force et la vie débordent en elles, et leur exubérance semble se traduire en un insolent défi jeté à la destinée du champ de bataille. Zouaves et turcos, infanterie et cavalerie, artillerie et équipages se succèdent sans interruption; ce sont les régiments de l'Alma et d'Inkermann, de Magenta et de Solférino, de la Chine et du Mexique. Entassés dans des wagons, dans des fourgons, sur des prolonges, écrasés par une chaleur de trente-cinq degrés, préférant à l'asphyxie des compartiments les rayons d'un soleil ardent, les uns se pendent en grappes aux portières; les autres, escaladant le toit des wagons, s'y livrent aux gambades les plus désordonnées; tous, à moitié nus, laissent apercevoir des nuques, des torses, des muscles d'athlète. Quelques-uns, turcos indigènes, pleins d'une gravité solennelle, jettent sur ces ébats un regard étrange, mélange indéfinissable d'indifférence et de mépris; on sent vaguement que ceux-là traversent la vie comme une vision prolongée; à leur aspect impassible, on a peine à croire que ces mêmes hommes, galvanisés par la poudre et par la haine, iront se ruer au combat comme des bêtes fauves. Un grand nombre, du plus beau noir, du Soudan ou du Congo, j'imagine, a substitué à la pesanteur native, grâce à la vie des camps, une virilité de bon aloi, dégourdie sans affectation, hardie sans être vulgaire.

Voici un train de zouaves; pour voyager à l'ombre, ils ont ravagé sur la route quelque bois d'acacia, et les wagons disparaissent sous la verdure. Le train n'est point encore en gare et déjà ils sont à terre, se ruant, comme une nuée de sauterelles, sur les vivres et les rafraîchissements. Ils campaient, il y a dix jours, près d'Orléansville; depuis lors ils n'ont pas cessé de voyager, abreuvés et nourris sur toute la route par l'empressement des citoyens.

Une souscription spontanée, ouverte dans ce but à Mulhouse, produit un chiffre de 17,000 francs. Immédiatement une commission de citoyens dévoués s'organise: les uns recueillent l'argent, les autres achètent les vivres; ceux-ci préparent les rations, ceux-là les distribuent; c'est un travail sans relâche, de nuit et de jour; mais qu'importe! pain, saucisse, vin, bière, café, nos voyageurs trouvent le nécessaire et même le superflu, le tabac et les cigares; ils en témoignent bruyamment

leur reconnaissance. Les uns sont discrets par nature,
les autres, hélas! par nécessité; il n'y a plus place en
eux pour les libations : ils en ont abusé; fermons un peu
les yeux, c'est pour beaucoup d'entre eux la dernière
ivresse; mais quelle triste préparation à ce rude métier
de soldat! où donc est la discipline? où donc la
salutaire autorité des chefs? Le clairon sonne le départ
et nul n'entend le signal et ne veut l'entendre; le train
s'ébranle, il part; alors seulement chacun reprend sa
place et nous lance un bruyant et dernier adieu.

Que de contrastes on peut observer dans ce défilé
fantasmagorique! autant les bataillons de zouaves sont
étourdissants, autant l'artillerie est calme et silencieuse; autant les troupes de ligne sont rieuses,
bavardes et gauloises, autant les turcos sont muets et
comme repliés sur eux-mêmes. L'observation a son
côté comique : un zouave se présente à la distribution,
son visage s'épanouit à la vue d'une guirlande de douze
saucisses; il saisit la première; on suppose qu'il va
la trancher, car il semble chercher un couteau dans
son vaste pantalon de toile grise. O surprise! il en tire
un arrosoir et, en moins de temps que je n'en mets à
le dire, les douze saucisses disparaissent dans l'arrosoir, l'arrosoir dans le pantalon, et le pantalon dans la
foule.

Gravissons un peu l'échelle hiérarchique : voici un
lieutenant de turcos; c'est un indigène; sa bonne
mine, son air superbe, son grade enfin, tout nous

fait un devoir de lui présenter la boîte de londrès réservée pour les officiers, et dans laquelle il reste une vingtaine de cigares. Il choisit nonchalamment un cigare et, ayant sans doute mal compris, il demande ce qu'il doit : « Rien, » lui répond-on galamment. — Imperceptiblement surpris d'abord, il se remet, s'incline, plonge une main puissante dans la boîte encore tendue, y fait le vide absolu et se retire fièrement en mettant avec reconnaissance et componction sa main sur son cœur. Sans mentir, il a l'air grand seigneur et nous l'admirons.

Plus loin un sergent de zouaves tire gravement de sa poitrine une étrange poupée qu'il manœuvre avec une dextérité surprenante ; il l'a baptisée Bismark et lui fait exécuter les grimaces les plus inédites ; le cercle de spectateurs applaudit par un fou rire, et de simples fantassins semblent exprimer, par une admiration recueillie, le sentiment qu'un zouave peut seul arriver à cette supériorité d'imagination.

Ici je vois un groupe touchant ; ils sont trois : le fils aîné, simple soldat de la ligne ; le père, vieillard déjà gris, pauvre paysan du Sundgau ; le plus jeune fils, enfant de douze ans à peine. Une étreinte les réunit tous les trois ; le visage du soldat est caché contre la poitrine du vieillard ; celui-ci a la physionomie inflexible, son regard se perd dans le vide, il a les lèvres serrées et pleure en dedans ; l'enfant sanglote sourdement sur la main de l'aîné ; ils ne se disent rien. Il y a dans ce groupe obscur une grandeur et une douleur infinie qui me remplissent de respect et de pitié; je pleure comme eux et sur eux, et cette pensée me traverse l'esprit qu'ils s'aiment trop pour jamais se revoir.

Ce fut ainsi pendant dix-sept jours, tout ce courant humain descendit, comme le Rhin, vers Strasbourg. On se sentait, à la vérité, un peu fier de pareils soldats, on avait confiance en cet inconnu formidable, la fortune; et pourtant, comme autant de fantômes dans une insomnie maladive, surgissaient et s'évanouissaient tour à tour mille obsessions renaissantes : où est la discipline? où les éléments d'ordre? où les vertus fortes du soldat? Ces chants expriment-ils vraiment l'amour de la patrie? Ces hommes ont-ils bien la vraie force qu'il faut pour vaincre, le sentiment et l'intelligence du devoir? Tout est-il prévu par notre intendance?

Quand ils furent tous passés, hommes, chevaux et canons, on rentra dans la réalité; le sang allait couler, c'était l'heure de songer aux blessés, et sans tarder, car l'Alsace semblait appelée à être le théâtre des premières luttes.

Tandis que la Société française de secours aux blessés des armées de terre et de mer se constituait en permanence à Paris dans le palais de l'Industrie, un mouvement général d'organisation charitable se produisit dans toute la France et plus particulièrement dans les villes de l'est. Des comités locaux, subdivisés en sous-comités, s'organisèrent avec la promptitude que comportait la rapidité des événements. La majeure partie de ces comités, visités par des délégués de la Société française, prirent le sage parti, pour arriver à une action commune, de s'affilier à cette Société, et celle-ci, sur le simple engagement de suivre ses instructions pour l'organisation matérielle des ambulances, conféra aux comités locaux le double droit d'arborer le drapeau international sur leurs bâtiments d'ambulance, et de délivrer le brassard aux agents qu'ils pourraient envoyer sur le champ de bataille[1]. Elle laissait, d'ailleurs, à chaque comité la libre gestion des fonds qu'il avait recueillis.

De son côté, l'intendance militaire, prise au dépourvu par la rupture diplomatique des deux puissances et partageant le sentiment général que cette guerre serait meurtrière, envoya dans les principaux centres des intendants généraux, chargés de contrôler le choix des locaux adoptés par les comités, de s'assurer de l'existence réelle et du nombre des lits installés par eux, et finalement de traiter avec les comités, sur

---

1. Personne n'ignore aujourd'hui quel est le privilége attaché par la convention de Genève au drapeau ou au brassard international. Ce privilége est la neutralisation absolue, dans les villes ou sur le champ de bataille, de toute personne ou de tout matériel portant légalement les insignes internationaux, croix rouge sur champ blanc.

une base fixe et uniforme, pour l'entretien des blessés que l'autorité militaire leur confierait. Autant qu'il m'en souvienne, le prix à forfait fut fixé à 1 fr. 25 par soldat et à 1 fr. 90 par officier. Ce prix était loin de représenter la dépense réelle d'entretien de chaque homme ; mais les souscriptions recueillies, dont la totalité n'était point absorbée par les frais d'installation, devaient parfaire la différence, et la subvention allouée par l'intendance militaire permettait aux comités de prolonger la durée de leur concours. Ces dispositions étaient sages ; aussi la charité publique, qui suivait avec intérêt l'emploi des fonds qu'elle avait souscrits, les accueillit-elle avec faveur.

C'est dans ces conditions qu'un premier marché fut passé entre l'intendance militaire et le comité local de Mulhouse. Le comité s'engageait à fournir, dès le début, cinq cents lits et laissait espérer qu'il pourrait élever ce chiffre jusqu'à mille. Quant à la souscription locale, elle avait atteint, dès les premiers jours, le chiffre de cent mille francs.

Tout était donc prêt pour recevoir, meurtries et mutilées il est vrai, mais enfin recueillies sous le drapeau français, ces victimes prochaines qui défilaient hier encore sous nos yeux, dans la plénitude de leur force et de leur vaillance. De quels soins attentifs nos blessés devaient être l'objet ! dans quels détails maternels n'étaient point entrées toutes ces âmes émues qui travaillaient pour ainsi dire nuit et jour à prévoir leurs besoins! Combien il était doux de penser qu'on pourrait les consoler dans leur détresse, les soulager dans leurs souffrances, faire entendre à leur chevet les accents de cette patrie pour laquelle ils allaient regarder la mort en face! — Hélas! nous avions tout prévu, le carnage, les revers même, tout, excepté cette suprême infortune : l'abandon de nos blessés!

Pendant que s'opérait l'installation des ambulances, la réception et le classement des secours en nature, un corps de volontaires s'organisait en sections pour le transport des blessés depuis la gare jusqu'aux ambulances. Un signe distinctif était nécessaire pour faciliter leur circulation dans la gare : on adopta le brassard blanc avec croix bleue, en prévision de l'abus qui devait être fait plus tard de la croix rouge internationale ; chacun sentait, en effet, la nécessité de ne délivrer cet insigne qu'avec la plus extrême réserve, sous peine de le voir tomber rapidement dans le domaine public et de ne plus trouver en lui qu'une protection illusoire.

Au milieu de ces préparatifs, des communications officielles vinrent nous apprendre l'engagement de Saarbruck, puis la défaite essuyée à Wissembourg par le corps du général Douay. La grande guerre était donc irrémissiblement engagée et des milliers de victimes avaient déjà rougi de leur sang le sol foulé par l'invasion. Cédant aux sollicitations d'une vive charité et d'un ardent patriotisme, renonçant au service local dont ils s'étaient chargés, quelques citoyens de Mulhouse conçurent en même temps que moi le projet de suivre nos soldats sur les champs de bataille, en qualité d'infirmiers volontaires, et ce sont leurs étapes douloureuses que je veux essayer de vous raconter.

III

STRASBOURG — HAGUENAU

I

Le 6 août 1870, à trois heures du soir, mes compagnons et moi, après avoir fait nos adieux aux êtres aimés que nous laissions derrière nous, nous quittions le bâtiment de l'école de commerce, siége de notre comité de secours aux blessés, et nous nous dirigions, sac au dos, vers la gare, pour y prendre le train de Strasbourg.

Chacun de nous emportait avec lui — qu'on me permette ce détail qui eut pour nous une réelle importance — un pot d'extrait de viande de Liebig, deux livres de chocolat, une forte corde, une ceinture de flanelle, et le plus avisé d'entre nous, que nous avions nommé fourrier par acclamation, s'était muni de quelques livres de lard fumé et de saucisson qui nous furent, dans le cours de la campagne, de la plus grande utilité.

Au départ on se compta ; nous étions seize, y compris le docteur S..., que je ne connaissais point encore, mais auquel il était réservé d'accroître singulièrement, par son dévoûment et ses connaissances chirurgicales, les bons résultats de notre campagne hospitalière.

La plus grande partie de notre personnel était composée de jeunes gens pleins de bonne volonté, d'ardeur pour le bien, pénétrés de la gravité des choses dont nous allions être témoins ; ils jouissaient tous d'une robuste santé, et nous partions avec la confiance que nos forces physiques et morales ne nous feraient point défaut dans les émotions prochaines.

Le concours de ces deux conditions est, en effet, indispensable à celui qui se voue au métier d'infirmier, et la suite de ce récit prouvera que, s'il faut un cœur ferme et presque endurci, il n'est pas moins nécessaire d'avoir un corps infatigable.

A neuf heures du soir nous entrâmes en gare à Strasbourg ; des groupes nombreux passaient et repassaient, traînant des caissons, conduisant des chevaux ; quelques-uns, à la lueur rougeâtre des torches, entassaient des moellons pour prolonger le mur d'enceinte et barricader la trouée qui livre passage à la voie ; d'autres forgeaient à des feux de campagne des pièces indistinctes ; tout ce travail se faisait en silence ; à nos questions on répondait invariablement que le canon s'était fait entendre depuis le matin du côté de Haguenau, mais que les résultats de la journée étaient inconnus.

Arrêtés aux fortifications par des mouvements de gare, ce n'est qu'à onze heures du soir que nous pûmes débarquer. Un groupe silencieux passe près de nous. Que porte-t-il avec précaution, en marchant d'un pas ralenti et cadencé? C'est une civière sur laquelle est étendu un jeune officier d'artillerie ; il est horriblement pâle, ses yeux sont à moitié fermés. Nous jetons un regard de compassion sur cette première victime. Ce n'est donc point un rêve, les premiers coups ont été portés, et nous entrons dans la réalité.

Prévenu de notre arrivée par un télégramme du comité de Mulhouse, M. le vicomte de Flavigny, délégué de la Société française dans le département du Bas-Rhin, nous attendait à la gare. Il nous fournit les indications les plus obligeantes pour la poursuite de notre voyage ; toutefois il ignorait, comme toute la population de Strasbourg dans cette soirée soucieuse, les événements qui s'étaient accomplis. Tout indique, nous dit-il, une grande bataille dans la direction de Haguenau, mais nous ne pouvons nous livrer qu'à des conjectures et vous ferez bien de remettre votre départ à demain matin.

Son conseil était sage et je me mis en quête de moyens de transport pour le lendemain. Chacun me renvoie en alléguant une réquisition militaire ou en se déclarant résolu à ne pas sortir de Strasbourg en présence d'événements aussi incertains. Enfin un brave voiturier, auquel je fais comprendre que nous sommes infirmiers volontaires, nous promet, dans un chaleureux élan, de nous conduire à Haguenau, et nous fixons le départ à cinq heures du matin.

Les bruits les plus divers circulent dans la ville : tantôt c'est une défaite, tantôt Mac-Mahon vient de cerner et d'écraser quarante mille Prussiens dans les bois qui bordent la Lauter. Des cris se font entendre sur la grande place : c'est un espion qu'on arrête, et les cris : A mort! à mort! traversent la nuit comme un écho de malheur.

Nous entrons à l'hôtel de la Maison-Rouge où l'hôte, sans pitié pour nos modestes ressources, nous étrille comme des grands seigneurs, et nous cherchons avec peine un peu de repos dans un sommeil agité.

II

Au réveil, M. de Flavigny nous conduit au dépôt de la Société, où nous devons prendre notre provision de bandes et de charpie ; nous en chargeons cinq grands sacs sur nos deux voitures ; quelques étudiants en médecine, internes des hôpitaux de Strasbourg, se joignent

à nous et, après avoir arboré le drapeau de l'Internationale, nous cherchons à sortir de la ville par la porte
de pierre, la seule que les ordres de la place permettent d'ouvrir d'heure en heure. La sentinelle nous
empêche d'avancer ; le commandant de place, vieux
soldat grisonnant, fait fiévreusement les cent pas en
tordant sa moustache ; la porte est fermée et cependant
nous entendons derrière ses bois massifs un bourdonnement confus ; tout à coup elle s'ouvre ; un flot humain
se précipite. La grande bataille est perdue : ce sont les
vaincus de Frœschwiller. Quel spectacle effrayant ! pêle-
mêle, le regard sombre, chasseurs, fantassins, zouaves,
dragons, turcos, se pressent et se heurtent sous l'étroite
voûte ; ils portent sur leur visage comme un reflet de
sinistre épouvante. — Nul ne les interroge, tout le
monde a compris. Ils passent en silence, le regard fixé
vers la terre, et si, par aventure, l'un d'eux lève les
yeux sur la foule, il les baisse de nouveau précipitamm-
ment vers le sol ; brisés de fatigue, car ils ont marché toute la nuit, ils ont jeté sacs, casques, fusils,
cuirasses. Quelques-uns témoignent par un bandage
ensanglanté de leur présence dans la mêlée ; d'autres,
épuisés, sont étendus sur des chars et dorment d'un
sommeil pesant. Des turcos sont accroupis sur des chevaux qui n'avaient plus de maîtres ; à côté d'eux, des
paysans effarés, perdus dans ce lugubre cortége, ren-
trent sur des chars leurs meubles et leurs fourrages ;
un dragon passe fièrement portant haut sa tête cou-

verte de sang figé ; des fantassins sont montés en croupe derrière des cavaliers qu'ils serrent convulsivement pour ne pas tomber ; ils n'ont plus leurs armes ; au milieu d'eux pas un seul officier, on dirait d'un troupeau sans maître ; il semble qu'un effrayant cataclysme les ait tous frappés de terreur. C'est un mélange sordide d'uniformes souillés de boue, aux couleurs flétries par la pluie ou par la poudre. Le désastre doit être immense ; à voir passer ces épaves humaines, une indicible angoisse envahit nos cœurs atterrés. Ils défilent ainsi pendant une heure qui dure un siècle, et nous entrevoyons, pour la première fois, le spectre hideux de la déroute.

Le défilé eut une fin cependant. Ces deux mille hommes que nous venions de voir passer devaient former le noyau de la garnison[1] ; car, le samedi 6 août, il ne restait pas dans Strasbourg mille hommes de l'armée régulière pour défendre la ville ; les pièces

1. La dépêche officielle qui suit, livrée aujourd'hui à la publicité, fait foi de cette assertion :

« *Prefet à Intérieur, Paris.*

« Strasbourg, le 7 août 1870. 10 h. 15 matin.

« La panique qui s'est produite hier au soir à Strasbourg, par suite des mauvaises nouvelles venues de Haguenau et de l'arrivée de soldats traînards, fuyards et généralement peu blessés, cette panique a cessé. La population demandant des armes, j'ai promis d'organiser, d'armer aujourd'hui quatre ou cinq cents hommes de garde nationale. Nous n'avons presque pas de troupes, quinze cents a deux mille hommes ; si l'en-

2.

braquées sur les remparts n'avaient pas de servants, le maréchal Mac-Mahon avait tout emmené, comme en un jour de désespoir, pour livrer la bataille décisive où devait se jouer la destinée de Strasbourg.

Nous sortons de la ville, la route qui conduit à Brumath et à Haguenau est encombrée de paysans épouvantés, poussant devant eux leur bétail et venant chercher protection derrière ces murs réputés imprenables ; à chaque pas, des fuyards attardés, tête nue, sans armes, les pieds meurtris, croisent notre voiture ; quelques-uns, succombant à la fatigue, sont couchés à plat ventre sur le bord de la route ; le canon même ne les réveillerait pas. Nous demandons quelques détails à un turco qui passe ; il a l'air affaissé, ne sait rien de précis que notre défaite et nous annonce la mort du maréchal ; mais un instinct secret nous dit que cet homme ment ou se trompe, et, à quelques pas de là, un cui-

nemi tente un coup de main sur la ville, nous nous défendrons jusqu'au bout. »

Ces quinze cents ou deux mille hommes n'etaient autres que ces fuyards entrés par la porte de pierre, et l'on frémit en songeant que, à l'heure où le prefet transmettait son télégramme, les Prussiens étaient a Brumath, c'est-à-dire à deux lieues seulement de Strasbourg. L'héroïsme déployé dans la défense par les habitants de cette malheureuse cite est la garantie que, le 7 août, ils eussent improvise la résistance ; mais cet effort de quinze cents fuyards et de citoyens ne connaissant pas la manœuvre du canon eût-il eté efficace? Il est permis d'en douter.

rassier démonté nous affirme que le maréchal est sauf.

Plus nous avançons, plus les fuyards se montrent rares ; nous traversons le village de Brumath, la route devient déserte, et le dernier paysan que nous rencontrons sur le dernier mètre carré de la libre Alsace nous crie, en fouettant son cheval couvert d'écume : « Bonnes gens, sauvez-vous, voilà les Prussiens. » Les cochers s'arrêtent indécis et chez quelques-uns d'entre nous une hésitation se produit — la frayeur est-elle contagieuse, ou bien leur cœur prend-il quelques secondes pour réfléchir à l'inconnu? eux seuls le savent. — Mais une brise agite notre drapeau, nous nous écrions : En avant ! et bientôt, au détour d'un bois, des dragons prussiens, le pistolet au poing, s'élancent au galóp et nous crient : Prisonniers! on s'arrête, on s'explique, nous montrons nos brassards, ils les connaissent; leur chef abaisse son épée devant notre drapeau et nous donne deux hommes d'escorte pour nous conduire aux avant-postes. Le sort en est jeté : nous voici dans les lignes prussiennes.

Nous avançons et déjà nous nous étonnons de ne rien apercevoir devant nous lorsque, au sortir de la forêt, nous voyons, dissimulés dans le taillis qui borde les deux côtés de la route, une centaine de cavaliers en selle, silencieux, dans un ordre parfait. Un officier se détache et nous salue; il échange quelques mots avec notre escorte, la renouvelle et nous fait signe que nous sommes libres d'avancer.

Dans le lointain, sous les rayons à demi voilés du soleil, on aperçoit un clocher, des murs percés de meurtrières : c'est Haguenau ; la gare est déserte, quelques wagons abandonnés sont là pour témoigner du mouvement des jours passés. Un escadron garde l'entrée de la ville, notre escorte nous fait reconnaître et nous en franchissons les portes.

Il est difficile de reproduire, en quelques traits de plume, l'aspect d'une ville, libre la veille, écoutant jusqu'au soir le grondement lointain du canon, passant la nuit dans de mortelles angoisses et voyant le lendemain, aux premières lueurs du jour, ses portes occupées par l'ennemi victorieux. C'est le dimanche, le jour du repos, le jour du Seigneur, religieusement observé en Alsace, et cependant les cloches ne sonnent pas ; le soleil monte radieux dans l'azur, la nature se met en fête ; mais les rues sont désertes, toutes les maisons sont fermées, le malheur a passé par là. En arrivant au centre de la ville, le spectacle change et le désert s'anime : ce ne sont que soldats ennemis nettoyant leurs armes et leurs habits, pansant leurs chevaux qui font litière en pleine rue, allant chercher ou rapportant les réquisitions en nature. Un escadron campe devant la maison commune ; c'est là qu'est installé le quartier du général baron de La Roche, commandant en chef le corps des quarante mille Badois qui ont décidé, par leur arrivée sur le champ de bataille, du sort de la journée d'hier. Il nous reçoit avec courtoisie et son expression presque paternelle contraste avec les regards soupçonneux que jettent sur nous les officiers de son état-major :

« Général, lui dis-je, nous sommes des infirmiers volontaires ; nous sommes partis hier de Mulhouse, voici nos feuilles de route. Voulez-vous nous donner un laisser-passer pour nous rendre sur le champ de bataille ?

— Combien êtes-vous ? me répond-il.

— Vingt et un, général.

— C'est beaucoup ; — vous engagez-vous sur l'honneur à ne rien dire de ce que vous pourrez entendre ou voir ?

— Vous avez notre parole, général. »

Sur un signe du général, un officier prend nos noms, examine nos feuilles de route et libelle un laisser-passer pour nos personnes et pour les chars que nous pourrons emmener avec nous ; le général y appose sa signature et nous congédie en nous recommandant poliment la prudence. J'ai conservé cette pièce comme un souvenir, en reconnaissance des services imprévus qu'elle nous a rendus dans les lignes prussiennes en mainte occasion.

La pensée que des milliers de blessés sont étendus sur la terre, qu'une nuit entière s'est écoulée déjà depuis le dernier coup de canon, nous imprime une activité fébrile. Nous courons chez le maire et nous en obtenons l'autorisation de requérir tous les

chevaux et les chars disponibles. Il n'en faut pas conclure que nous ayons à faire violence à l'habitant ; bien
au contraire, plusieurs ont déjà, de leur propre mouvement, attelé leurs chevaux à ces longues voitures du
Bas-Rhin, qu'on appelle des chars à échelles, et, en
moins d'une heure, quatre-vingts voitures environ, portant chacune trois paysans de bonne volonté, sont
arrêtées devant notre auberge, attendant le signal du
départ ; chacune est tapissée d'une paille épaisse qui
doit adoucir pour les blessés les souffrances du transport. Notre colonne s'ébranle enfin et, par la route qui
mène à Soultz, se dirige sur Wœrth et Frœschwiller.

A moitié chemin nous croisons les premières voitures de blessés qu'on ramène prisonniers dans Haguenau ; leur visage exprime cet abattement sombre que
donnent et la souffrance physique et le sentiment d'un
abandon sans espoir ; un inexprimable serrement de
cœur nous saisit à leur aspect ; un flot de haine sourde
pour le vainqueur y succède ; puis c'est un sanglot qui
nous étouffe et déborde malgré nous en larmes silen-
cieuses. Toute la patrie est là, incarnée dans ces pâles
victimes... Arrière la consigne prussienne ! ce sont nos
frères que vous emmenez là, captifs, mutilés et sanglants ; nous leur parlerons, malgré vous s'il le faut ;
mais ils sauront que des cœurs français pleurent sur
leur infortune. Nous descendons de voiture, nous
entourons les chars : « Bonjour, camarades, nous
sommes Français, nous aussi ; vous souffrez, mes enfants ;

prenez courage! Haguenau n'est pas loin; nous vous
y retrouverons ce soir. » Ils soulèvent péniblement la
tête; un fugitif sourire et un serrement de main est
leur seule réponse; quelques-uns secouent tristement
la tête, et le convoi se remet en marche.

Le corps d'armée prussien qui défile sous nos yeux
se dirige sur Strasbourg; les routes sont couvertes
d'escadrons, de bataillons en uniforme sombre, de
caissons, de canons, de voitures d'ambulances, des-
servies par un innombrable personnel, uniformément
grises avec la croix internationale peinte en rouge sur
les côtés. Vers trois heures du soir nous dépassons
l'arrière-garde qui presse rapidement le pas, car d'épais
nuages assombrissent le ciel, des orages se forment
sur tous les points de l'horizon et le premier coup de
tonnerre menace de les convertir en cataractes.

Au tournant de la route le paysage s'élargit tout à
coup. Nous avons devant nous un vaste vallon semi-
circulaire, bordé de coteaux verdoyants. C'est le champ
de bataille de Frœschwiller.

IV

LE BRUCKMUHL — MORSBRONN

Un champ de bataille, à moins qu'il ne s'agisse d'un engagement peu considérable, est rarement circonscrit dans un étroit rayon; à ces armées munies d'engins qui peuvent détruire avant d'être visibles, à ces armées qui forment des concentrations de trois ou quatre cent mille hommes, il faut des étendues en rapport avec leur nombre et leurs moyens, et le champ de bataille proprement dit comprend, en général, dans son périmètre plusieurs villages ou hameaux, des bois, des ravins, des cours d'eau, des ondulations du sol, qui constituent autant de défenses naturelles sur lesquelles l'attaque dirige ses mouvements; ces points sont pris, perdus, repris, disputés avec plus ou moins d'acharnement, suivant leur importance, pour l'occupation finale du point stratégique d'où dépend le sort de la journée.

Le champ de bataille de Frœschwiller, auquel on

peut assigner huit à neuf kilomètres dans sa plus grande longueur, sur une profondeur moyenne de cinq kilomètres, embrasse les villages de Wœrth, Gunstett, Oberdorf, Spachbach, Dieffenbach, Morsbronn, Elsasshausen, et enfin Frœschwiller; on peut y comprendre encore Reischoffen, bien que ce village n'ait joué qu'un rôle secondaire dans la bataille et qu'on se soit borné à y échanger les derniers coups de canon qui ont inquiété ou protégé la retraite de notre armée. Le vallon verdoyant, rafraîchi par un ruisseau bordé d'arbres, décrit un arc de cercle; dans le fond se trouve la ferme et le moulin du Bruckmuhl, dont le Sauerbach, petit cours d'eau, presque à sec en été, fait tourner péniblement les meules; plus loin, et presque à l'extrémité de l'arc, on aperçoit le village de Wœrth, dont le clocher orné de faïences vertes étincelle au soleil; sur les versants de l'est, perdus dans les ondulations du coteau, se cachent, sous les vergers et les vignes, Spachbach, Eberdorf, Gunstett; tandis que, sur le versant ouest, plus large et plus élevé, on distingue Morsbronn, Gundershofen, Elsasshausen et Frœschwiller. Le paysage est gai, plein de fraîcheur et d'horizons; le fond du vallon est coupé de prairies et de champs labourés; les coteaux, qui s'étalent au couchant, sont garnis de vignes en échalas et de vergers; sur le coteau qui regarde l'orient et qui s'élève en pente douce vers Morsbronn et Frœschwiller, le sol est émaillé de champs de tabac, de houblonnières, de

champs de lin, et, près des sommets, de bouquets de
bois de hêtre et de chêne. A l'horizon, les collines se
succèdent, déclinant graduellement dans un moelleux
brouillard ; au delà, on rêve les flots bleus du Rhin et
c'est le Rhin, en effet, qui coule à quelques lieues de
là, derrière le rideau mystérieux que fait la forêt de
Haguenau. Sur la rive droite, c'est Radstat et Lan-
dau, d'où s'écoule depuis huit jours le flot de l'invasion
allemande. Ses avant-gardes ont culbuté à Wissembourg la division du général Douay, et le gros de
l'armée du prince royal a pu franchir la Lauter ;
quatre-vingt mille soldats bavarois et prussiens s'avancent sans bruit dans le pays boisé et montagneux de
Soultz, et se massent dans la nuit du 5 au 6 août aux
environs de Wœrth ; tandis que quarante mille soldats
badois, sortant de Radstat, arrivent à marches forcées
pour tendre la main à l'armée du prince royal et
devenir cette écrasante aile gauche, qui entrera en
ligne, le 6 août, à quatre heures du soir, et décidera
du sort de la bataille.

Autant que je l'ai pu savoir par le témoignage
des soldats et des officiers, le maréchal Mac-Mahon
disposait de vingt-cinq mille hommes, effectif de son
corps d'armée, trois ou quatre mille hommes, débris
fatigués de la division Douay décimée à Wissembourg,
sept mille hommes sortis de Strasbourg, en tout trente-
cinq mille hommes. Cette armée se composait, il est
vrai, en majeure partie, de soldats de l'armée d'Afrique.

Le maréchal avait, d'ailleurs, merveilleusement choisi
ses positions; Frœschwiller commande la grande route
qui conduit à Bitche par Niederbronn, et à Phalsbourg
par Haguenau et Saverne; pour enlever Frœschwiller,
l'armée du prince royal devait descendre le versant
est du vallon, traverser le Sauerbach à Wœrth et au
Bruckmuhl, et gravir, sous le feu plongeant de l'artillerie française, les quinze cents mètres de coteau en
pente douce qui s'élèvent jusqu'à Morsbronn et Frœschwiller. Le maréchal, avec de pareils soldats et des
positions aussi fortes, quoique n'ayant à opposer qu'un
homme contre trois, pouvait donc espérer, malgré la
supériorité surprenante de l'artillerie prussienne, arrêter l'ennemi au pied du coteau et le refouler vers le
Rhin.

L'action s'engagea vers sept heures du matin; les
tentes dressées par les zouaves et les turcos, et que
nous avons encore trouvées debout, le sixième jour
après la bataille, dans les ondulations boisées qui conduisent de Wœrth à Frœschwiller, sembleraient indiquer que, si l'armée ne fut point absolument surprise,
du moins le temps manqua pour lever le camp. Il
appartient aux hommes spéciaux de déterminer les
péripéties de la bataille sur ce champ que je viens de
décrire; elle fut acharnée et, jusqu'à quatre heures du
soir, notre armée opposa un mur d'airain aux efforts
de l'ennemi. Soudain, à l'horizon, le maréchal voit, sur
la droite, poindre et grandir une nouvelle armée:

sont quarante mille Badois qui s'avancent sur Morsbronn avec la rapidité de troupes fraîches et, tandis
que le prince royal redouble d'efforts sur le centre et
la gauche de l'armée française, ils cherchent à la tourner sur sa droite et menacent de lui couper la retraite.
Le maréchal sent que la bataille est perdue et, dans
cette infortune, son grand cœur se montre à la hauteur
du plus effrayant péril. Écrasé sous le nombre, il
abandonne en frémissant des positions choisies avec
un coup d'œil supérieur et défendues avec héroïsme.
Ce doit être un moment poignant; mais les minutes
valent des heures; le maréchal fait sonner la retraite.
Déjà sa droite est débordée; les Badois occupent
Morsbronn et s'élancent sur Elsasshausen.

Pour le salut des débris de notre armée se trouvaient
là les 8e et 9e régiments de cuirassiers; ce sont eux
qui vont couvrir la retraite, soutenus par un bataillon
de turcos; il s'agit de charger à travers Morsbronn et
de descendre, comme une trombe humaine, jusqu'au
fond du vallon; dans le village des milliers de Badois
sont embusqués dans les maisons; au delà les cuirassiers se trouveront sous le feu de cinquante pièces de
canon; c'est à la mort qu'ils vont marcher, ils le savent et ne frémissent point. L'heure est venue; leur
chef échange avec le maréchal un touchant et dernier
adieu; ils s'élancent dans la fournaise. Dans leur
course folle ils traversent la grande rue de Morsbronn
en pente raide, décimés à bout portant par le feu qui

sort des maisons, contre lesquelles ils piquent avec rage leurs lattes impuissantes : l'ennemi, invisible, les abat, mais leur cœur est intrépide. Au bas du village ils se reforment sous la mitraille, pour charger dans le fond du vallon. Alors commence cette folie sublime : déchirés par une pluie de fer, ils chargent dans les champs de lin où les chevaux disparaissent jusqu'au ventre; ils font des trouées dans les houblonnières où culbutent hommes et chevaux; ces géants remontent en selle, la fureur de mourir les saisit, ils chargent, ils chargent encore... Où donc sont-ils? La retraite est sauvée, mais les cuirassiers de Frœschwiller ne sont plus!

Pendant que s'achève ce drame héroïque, les débris de l'armée d'Afrique se retirent sur Reischoffen dans un désordre que peut seule expliquer l'obstination de nos soldats à défendre Frœschwiller. En effet, quoique le signal de la retraite ait été donné, on se bat corps à corps dans Frœschwiller, dans les maisons, dans les jardins, derrière les clôtures, et beaucoup de soldats, cernés dans le village, meurent les armes à la main ou se font jour en désespérés à travers cette vague humaine dont les deux extrémités se rejoignent. La retraite sur Reischoffen devient une déroute; du reste, la poursuite est ardente. Notre arrière-garde s'arrête par intervalles pour tenir tête à l'ennemi et laisser le temps à notre artillerie de gagner quelque avance, au génie de dé-foncer les routes derrière elle au moyen de profondes tranchées. A quelque distance de Reischoffen, l'artillerie française épuise sa dernière charge, que le maréchal a fait soigneusement réserver; car, s'il faut en croire les témoins oculaires, dès quatre heures du soir, quand sonna la retraite, les munitions manquaient.

Le flot des fuyards s'écoule; le bruit du canon s'éteint par degrés; la nuit arrive. Vainqueurs et vaincus sont brisés de fatigue, c'est l'heure du repos pour tous; et cependant quel est ce murmure étouffé, ce mouvement sans nom qu'on entend sur ces champs ténébreux? Ce sont les blessés qui se traînent à l'abri de quelque buisson; ce sont les mutilés qui gémissent sur place, leurs membres sont brisés; ce sont les agonisants qui meurent désespérés loin de ceux qu'ils aiment; ce sont les morts qui se roidissent dans les sillons humides de sang; ce sont les maraudeurs, assassins et voleurs, qui commencent leur travail immonde; ce sont les bêtes fauves et les oiseaux de proie qui viennent à la curée; ce sont les malédictions que la terre envoie sourdement vers le ciel.

Le lendemain même de cette nuit funèbre nous arrivons à Morsbronn; le village est plein de blessés que des chars de paysans commencent à évacuer sur Haguenau; nous dirigeons nos pas dans le fond du vallon, vers la ferme du Bruckmuhl; dans un fossé qui borde la route, des turcos sont étendus, tombés à la place où la balle les a frappés. Au milieu d'eux est un

jeune capitaine ; il a la main crispée sur la garde de
son épée ; ses yeux, démesurément ouverts, sont vitreux ; une écume rougeâtre s'est coagulée autour de ses
lèvres. Le teint d'ébène de ses soldats, couchés autour
de lui dans les attitudes les plus diverses, fait res-
sortir les tons d'ivoire de son visage et de ses mains
fines et frêles. Les uns ont la face contre terre ; les
autres sont étendus sur le dos, dans l'attitude du sommeil ; ceux-ci se sont repliés sur eux-mêmes dans les
dernières convulsions ; ceux-là se sont traînés au pied
d'un arbre pour y mourir ; quelques-uns, frappés au
bord du fossé, ont le masque moulé sur le fond vaseux
et les jambes en l'air. Plus loin, des cuirassiers dorment
du dernier sommeil ; leurs chevaux, éventrés, reposent
à côté d'eux ; les champs de lin portent la trace des
sillons qu'ils y ont tracés ; les houblonnières sont
brisées comme par un ouragan. Partout des cadavres,
des casques, des cuirasses trouées par les balles ; en
voici une, qui est si exactement traversée dans son
centre par un boulet, qu'on peut mesurer exactement le
diamètre du projectile : elle a appartenu à un officier.

A mesure que nous descendons vers la ferme, les
cadavres prussiens deviennent plus nombreux ; le sol
est jonché de fusils et de casques en cuir bouilli, sur-
montés de l'aigle de Prusse. Il n'y a pas encore vingt-
quatre heures que la bataille est terminée et déjà tous
les sacs sont éventrés par une large entaille transver-
sale ; c'est l'œuvre du maraudeur qui gagne ainsi du

temps en s'épargnant la peine de déboucler les courroies. Des cartouches, des brosses, du linge, des lettres, des carnets, du biscuit, des sachets de riz, des gourdes en verre, recouvertes de drap noir, des manteaux souillés de boue, des éclats d'obus, des sabres, des dragonnes, des débris de toute espèce couvrent la terre; chaque sillon cache un cadavre; à chaque pas des chevaux morts, hideux à voir, déjà gonflés, les jambes en l'air, comme les quatre pieds d'une table renversée : de loin en loin, une éminence de terre, fraîchement remuée, indique la tombe d'un soldat; de distance en distance des groupes armés de pelles et de pioches creusent le sol à côté d'un amas de corps; ce sont des soldats prussiens qui font l'office de fossoyeurs et qui, pour abréger leur sinistre besogne, ont mis à réquisition des paysans des environs. Aussi loin que nos yeux peuvent apercevoir dans la direction de Frœschwiller, c'est la même dévastation; partout le spectacle est le même, plus horrible ou moins saisissant suivant que le terrain a été le théâtre d'une lutte plus ou moins acharnée. Nous arrivons ainsi jusqu'au Bruckmuhl, où les chars, que nous amenons pour l'évacuation des blessés, sont impatiemment attendus.

Située dans le fond du vallon, la ferme s'est trouvée comme au centre du feu ; les murs sont criblés de boulets, et mouchetés de ces trous en étoile que la balle fait sur le crépissage; dans le verger, des branches hachées, des troncs déchirés; dans le ruisseau qui

coule silencieux, sous les roues immobiles du moulin,
des casques et des corps. Les abords de la ferme sont
encombrés de blessés, ses bâtiments en sont remplis ;
une pluie fine commence à tomber et nous abritons
nos sacs de bandes et de charpie sous un hangar
éventré par la mitraille. Nous cherchons vainement
un chirurgien français et nous nous mettons en rapport avec deux chirurgiens prussiens qui nous accueillent avec reconnaissance et cordialité, car ils ont peine
à suffire à la tâche.

Après une bataille, les infirmiers font instinctive-
ment un premier triage parmi les blessés ; on commence par charger sur les chars ceux qui sont le plus
transportables, car il est inutile de dépenser cette
précieuse ressource d'évacuation pour ceux dont les
blessures sont mortelles et qui n'ont plus que quelques
heures à vivre. Ce classement cruel n'a point de
règles et n'est pas l'objet de dispositions recommandées
par les chefs, mais chacun le pratique pour ainsi dire
à son insu, tant est instinctif et général le sentiment
qu'il faut sacrifier ce qui est irrévocablement perdu
au profit de ce qu'on peut sauver.

Les blessures, qui peuvent être considérées comme
fatalement mortelles, sont les fractures de la colonne
vertébrale, les fractures du fémur ou de l'humérus
entraînant une désarticulation, les blessures pénétrantes du cerveau et celles qui ont perforé l'intestin,
l'estomac ou les reins.

Les blessures graves, mais dont les exemples de guérison sont fréquents, sont la perforation du poumon, les fractures de membres entraînant l'amputation.

Les blessures, que l'on considère comme légères', sous la réserve des complications qui peuvent se produire, sont les blessures superficielles, c'est-à-dire n'intéressant que la surface du corps.

Les blessés de cette dernière, catégorie qu'une perte de sang n'a point affaiblis, sont généralement dirigés à pied sur la ville la plus voisine, à moins que les moyens de transport ne surabondent.

Quant aux blessés de la première catégorie, ils ne supporteraient point le voyage et produiraient dans l'évacuation des retards qui compromettraient le salut de ceux qu'on peut sauver. Aussi, se borne-t-on généralement à les déposer le plus humainement possible dans les localités voisines du champ de bataille, et à leur donner jusqu'au dernier moment les secours qui peuvent atténuer leurs souffrances.

C'est donc à ceux qui sont atteints de blessures graves ou douteuses qu'il faut réserver les ressources de l'évacuation sur les hôpitaux ou les ambulances privées organisées par la charité dans les villes.

Ai-je besoin de dire que cette division par catégorie, toute d'intuition pour l'infirmier, n'a de raison d'être que sur ces vastes champs de bataille où le nombre des blessés, l'éloignement des villes et l'insuffisance des secours lui font un devoir de les répartir froidement.

utilement et non pas suivant l'entraînement de son
cœur.

Nous commençons donc, au Bruckmuhl, par placer
sur les chars les blessés les plus transportables, après
avoir pansé soigneusement leurs blessures. Quelques-
uns, légèrement atteints, soit à la tête, soit aux membres, soit au corps, peuvent s'installer eux-mêmes sur
le char ou tout au moins nous faciliter beaucoup la
besogne ; mais, pour des débutants, le chargement n'est
pas une opération facile lorsqu'il y a fracture d'un
membre inférieur ou blessure dans les reins. Il faut
d'abord coucher le patient sur une civière que deux
infirmiers soulèvent avec son fardeau jusqu'à la hauteur
de leur tête ; deux autres infirmiers, montés sur le char,
reçoivent la civière et déposent avec précaution le
blessé sur la paille, dans la position la moins douloureuse. Quelquefois, les blessures ou les fractures sont
multiples ; il faut, alors, au moins un infirmier pour
chaque membre brisé. Pauvres soldats ! que de
gémissements chaque mouvement ou chaque secousse
leur arrache, et qu'il fait bon leur dire affectueusement : Courage ! dans cette langue qu'ils n'espéraient
peut-être plus entendre. On place sur les mêmes voitures les blessés de même nationalité, les Allemands
devant être évacués sur Radstat, et les Français sur
Haguenau ; mais vous ne trouverez plus ici de guerre
de races, plus de théories nébuleuses, plus de Gaulois
ou de Saxons ; il n'y a même plus ni vaincus ni vain-

queurs, ils se sentent tous égaux devant la souffrance ;
ils le sont aussi pour l'humanité et, qu'ils soient Allemands ou Français, nous leur donnons indistinctement
nos soins. Hélas ! depuis vingt-quatre heures aucun
d'eux n'a reçu d'aliments ; nous leur partageons avec
joie et ils acceptent avec reconnaissance les provisions
que nous avons apportées.

Que d'épouvantables blessures ! Voici un zouave
qui a la bouche et le palais fracassés ; par un signe il
demande à boire ; mais la bouche est remplie de cail-
lots de sang, de fragments de mâchoire, et la langue,
tuméfiée, ne laisse plus passer le liquide. Nous épongeons patiemment cette blessure d'où se dégage une
odeur fétide. Enfin, à l'aide d'un tube, nous faisons
avaler au blessé quelques gorgées d'eau fraîche ; à
défaut de parole, ses yeux, où la vie s'éteint, nous
remercient.

Plus loin, c'est un sergent soutenant avec peine son
bras déchiré, depuis le poignet jusqu'au coude, par un
éclat d'obus. Un jeune officier de zouaves s'avance en
nous montrant ses deux bras repliés et paralysés ;
d'une voix douce et résignée, il explique qu'une balle
l'a frappé à la nuque. Pauvre garçon ! la colonne vertébrale est sans doute atteinte ; reverra-t-il jamais ce
père « qui n'a plus que lui et qui doit être joliment
inquiet ! »

Un officier de chasseurs à pied, blessé d'un coup
de crosse à la tête, regarde autour de lui avec une

rage muette ; le côté de la face atteint par la contusion est enflé et a pris ces tons violacés qui, en toute autre occasion, impriment au visage une expression comique. Son fourrier, que nous plaçons dans la même voiture que lui, et dont les deux cuisses ont été traversées par une balle, lui dit en riant : « Allons, mon lieutenant, la veine est pour vous ; si ça vous va, je vous change mes trous pour votre œil au beurre noir. » Mais le lieutenant ne se déride pas et avale, en grommelant, la gorgée de kirsch que nous lui offrons.

Deux ou trois heures suffisent à charger les chars que nous avons amenés ; nous serrons la main à tous ces amis d'un instant et le convoi s'ébranle en leur arrachant une plainte douloureuse.

De minute en minute, des soldats prussiens apportent, sur des civières, des blessés et des cadavres ; nous installons les blessés dans le corps de logis, dans les greniers, dans les granges, dans les écuries. Quant aux cadavres, les soldats de corvée les transportent dans le verger et les déposent, encore revêtus de leur tenue de bataille, sur le bord d'une vaste fosse. Le tambour bat, deux compagnies prussiennes viennent s'aligner en armes des deux côtés du trou béant ; à l'une des extrémités, un prêtre en surplis et un pasteur luthérien prononcent, l'un après l'autre, les prières de la liturgie allemande. Nous nous mêlons respectueusement à cette troupe recueillie. Au signal donné par un roulement du tambour, officiers et soldats abaissent leurs armes, et les fossoyeurs laissent rouler dans la fosse profonde ces dépouilles mortelles, confondues dans un éternel repos et sous la même terre bénie; quelques soldats essuient une larme silencieuse; d'autres, dans une religieuse attitude, ont peine à s'arracher à ce spectacle funèbre et semblent contempler face à face le sort qui les attend demain. Le dernier corps a disparu, le prêtre sanctifie encore une fois ce coin de terre; les fossoyeurs jettent les premières pelletées et les soldats s'éloignent en silence. Oui, c'est un moment solennel, et je n'oublierai jamais cet adieu plein de grandeur et de simplicité aux combattants des deux nations, tombés au Bruckmuhl.

Le jour baisse; nous nous hâtons de visiter les blessés qui encombrent la ferme, étendus côte à côte sur la paille. Au premier abord, il semblerait consolant de pouvoir les installer séparément dans des chambres bien closes; mais, leur grand nombre ne permettant pas de les isoler, et les plaies s'infectant rapidement par les temps orageux du mois d'août, on comprend bientôt qu'il est préférable de les déposer dans des locaux vastes et aérés. Sous le toit élevé des granges, sur la paille qui y abonde ils sont dans des conditions d'hygiène satisfaisantes; l'air s'y renouvelle incessamment, et, si la paille n'offre point à leurs membres endoloris la douceur du matelas, du moins les blessés ne séjournent-ils pas dans le sang qui s'écoule ou dans la suppuration dont s'imbiberait le matelas. J'ajouterai que l'isolement, sauf dans certains cas où le calme et le repos absolu sont nécessaires, est une condition fâcheuse pour soutenir moralement le blessé ou pour le préparer à l'opération douloureuse qu'entraînent le plus souvent les blessures faites par les armes actuelles. L'influence du moral sur l'état physique est incontesté, et ce phénomène physiologique prend un développement remarquable chez les blessés; vaincus, abandonnés par les leurs, ils puisent, dans la communauté des souffrances, partagées aussi bien par un ennemi dont ils ignorent la langue que par leurs compagnons d'armes couchés à leurs côtés, une singulière force de résistance que l'isolement détruirait en eux.

Le plus grand nombre, en proie à une fièvre intense, recherche avidement la fraîcheur de l'air; nous en voyons quelques-uns se traîner hors des bâtiments et s'étendre dans la cour, le long des murs, pour recevoir sur leur visage la pluie qui commence à tomber. De ce nombre est un turco; sa face, couverte d'un masque de sang coagulé, présente l'image d'une plaie large et confuse; il ne donne plus signe de vie. Nous épongeons la tête pour chercher la blessure, et la sensation de l'eau froide imprime un tressaillement au blessé, horreur! la plaie est hideuse, nous n'en rencontrerons pas beaucoup de pareilles : une balle, arrivant par le travers, a vidé les deux yeux et brisé l'os nasal au passage; les mouches se disputent opiniâtrément la place dans les orbites vides. Après un lavage patient, nous remplissons de charpie l'horrible sillon et nous abandonnons ce corps immobile, après avoir couvert la face d'un linge mouillé.

A ses côtés, sont des soldats de la ligne, atteints de blessures dans le haut du corps; l'un a le cou traversé par une balle; un autre a le bras fracassé par un éclat d'obus. Beaucoup pourront être sauvés, les projectiles ayant pénétré dans le corps, sans atteindre d'organe essentiel. Nous constatons une notable quantité de blessures faites par des balles qui ont frappé une côte, décrit un demi-cercle sous la peau, et qui sont venues se loger, entre cuir et chair, sur le côté du corps opposé à celui par lequel le projectile est entré. Le docteur S... extrait ainsi plusieurs balles et nous laisse le soin d'achever le pansement qui, dans ces cas-là, est élémentaire; il suffit, en effet, d'introduire avec précaution un bouchon de charpie dans la plaie, pour faciliter l'écoulement de la suppuration, et d'appliquer sur la charpie, pour la maintenir, deux morceaux de sparadrap, collés en croix.

Nous pénétrons dans les granges et dans les étables; là, les blessures semblent plus graves : tous les blessés sont étendus sur la paille et ne peuvent se lever; dès qu'ils entendent des voix françaises, ils nous appellent avec un accent suppliant; les turcos et les chasseurs à pied y sont en majorité. Si nous en avions le loisir et la liberté d'esprit, quels curieux contrastes de caractère

nous pourrions étudier sur ces hommes venus de pays
si divers, frappés le même jour, atteints de blessures
également graves, en butte à la même souffrance et
aux mêmes privations! Si les uns sont vaillants, les
autres se laissent abattre. A côté d'un turco, soldat
athlétique, qui a les deux mollets traversés par une balle
et qui pousse des hurlements, quand nous lui posons le
bandage, voici un chasseur à pied, un enfant de Paris,
maigre et pâle, qui me montre stoïquement sa blessure
et la laisse fouiller par la sonde, sans proférer une
plainte. Elle est probablement mortelle : un éclat d'obus,
arrivant obliquement de bas en haut, a déchiré la cuisse
gauche et a pénétré dans l'aine en inclinant vers le col
du fémur. « Major, me dit-il (tous ces pauvres garçons
nous prennent pour des chirurgiens), dites-moi la vérité, est-ce grave?

— Non, camarade, lui dis-je, en hésitant, car nous
ne sommes point encore familiarisés avec ces hardis
mensonges, qu'il faudra désormais proférer à chaque
pas, d'un ton presque joyeux et satisfait, pour mieux
tromper le condamné.

— Ah, major! fait-il en me regardant avec ses
grands yeux fixes, vous me trompez? »

Il y a tant d'angoisse dans sa voix, tant d'amour de
la vie, que je n'hésite plus et, pour être mieux cru,
je lui réponds brutalement : « Eh bien oui! mon garçon,
c'est grave! ce sera long, tu boiteras probablement,
mais enfin tu sauveras ta peau. »

Sa figure s'illumine : « Merci, major, dit-il, rasséréné, le père Dupont n'a que moi de garçon ; qu'est-ce que ça fait que je boite ? je suis typographe, dans l'île Saint-Louis ; c'est le vieux qui sera content que je revienne, lui qui ne voulait pas que je m'engage !... »

Le pansement est fini, il me serre la main avec effusion et je lui rends son étreinte. Pauvre Dupont ! il repose sans doute dans quelque coin du cimetière de Haguenau.

La nuit est venue, pluvieuse et noire ; nous allumons des lanternes pour continuer notre travail. Après les granges et les étables, nous visitons les étages de la maison du fermier ; chaque chambre contient dix ou douze blessés, Badois et Bavarois pour la plupart ; il y a chez tous une résignation triste qui contraste avec l'agitation inquiète ou irritée, quelquefois avec la gaieté stoïque des soldats français.

Dans un angle, un jeune officier bavarois est étendu sur un manteau de soldat ; il a reçu trois balles dans le corps, ses yeux sont fermés, il gémit douloureusement. Près de lui, adossé contre le mur, quoiqu'il eût l'épaule fracassée, son ordonnance jette sur lui un regard désolé. Je me penche sur l'officier et je lui tends la gourde ; il ouvre les yeux, comprend et refuse. Comment exprimer ce regard ! tout s'y trouve, amertume et reconnaissance, mépris d'un soulagement impuissant pour les souffrances de l'âme, la mort entrevue comme une certitude, irrémédiable douleur de quitter la vie, un désespoir sans bornes. A n'en pas douter, cet infortuné subit une torture morale mille fois plus cruelle que le déchirement de sa chair. Je m'informe à voix basse; c'est un jeune capitaine, le comte von Elberfeld; il songe à sa femme et aux petits êtres chéris qu'il ne reverra jamais; ils ne sont pas là pour recevoir son dernier baiser et lui fermer les yeux; oh oui! la mort est trop douloureuse ainsi!... Nous nous éloignons respectueusement de cet infortuné, et, le lendemain matin, une croix grossière, plantée sous les pommiers du verger, marqua la place où son corps a été confié à la terre.

Nous n'oublierons jamais, mes compagnons et moi, cette première et funèbre nuit : la pluie tombait, fine et persistante; du fond du vallon où se trouve le moulin du Bruckmuhl, on voyait circuler dans le lointain, sur les coteaux de Morsbronn, des lueurs vacillantes; c'étaient les lanternes des maraudeurs; parfois une détonation troublait le silence de la nuit, c'était quelque soldat qui tirait sur ces voleurs nocturnes. D'heure en heure, dans la cour qui forme le centre de la ferme, on descendait un nouveau cadavre. Comme un murmure confus le gémissement des blessés, plainte sourde et sinistre, s'exhalait de tous les côtés. Notre cœur, encore peu familiarisé avec l'horreur de pareils spectacles, éprouvait une vague épouvante. En vain, nous cherchâmes quelques heures de repos sur la terre battue d'un hangar; le sommeil nous fuyait. Mais déjà les lueurs blafardes de l'aube blanchissent l'horizon pluvieux, et nous profitons des instants qui nous séparent du départ pour aller faire quelques pansements dans les villages voisins de Spachbach, Gunstett et Eberdorf; nous nous divisons pour ce travail, en convenant de nous retrouver à la ferme à midi.

Tandis que nos compagnons prennent la route de Gunstett, le docteur S... et moi, nous nous dirigeons sur Spachbach; le chemin creux et défoncé dans lequel nous nous engageons passe au bas des vignes et suit le cours du Sauerbach; là, aussi, la lutte a été sanglante, les Prussiens descendant des hauteurs ont dû traverser le cours d'eau sous le feu de nos bataillons; le talus en terre, qui borde la route, est criblé de balles françaises qui y ont tracé leur sillon. Les branches des buissons et des arbres sont déchirées; les Prussiens ont abattu les troncs au bord du ruisseau, et les ont jetés en travers pour improviser des ponts; mais cette opération leur a coûté des pertes sensibles; sur les bords gazonnés du ruisseau, dans la boue du sentier défoncé, des casques, des fusils, des sacs éventrés, des sabres bavarois à torsade blanche et verte, jonchent le sol.

Les cadavres sont encore là, les fossoyeurs de corvée n'y ont point encore passé. Nous n'y trouvons plus de blessés respirant encore; combien sont morts cette nuit dans les vignes et qui eussent pu sans doute être sauvés! On aperçoit au loin, dans la prai-

rie, des amas de vêtements, de sacs et d'armes, sous
la garde de sentinelles prussiennes. De temps en
temps, dans les fourrés, au-dessus des vignes, apparaît une tête sinistre : c'est un maraudeur, homme,
femme ou enfant, qui continue pendant le jour son
travail de la nuit, et qui se cache à notre approche.
Nous arrivons ainsi à Spachbach, hameau désolé,
éventré par la mitraille. L'humble église est transformée en ambulance, et l'œil cherche en vain les objets
ou les ornements du culte. Quatre murs nus, les
dalles jonchées de paille humide, des corps ensanglan-
tés par-dessus, voilà le sanctuaire. Français et Prussiens y sont confondus et, malgré l'élévation de la
voûte, une odeur putride nous saisit à la gorge sur
le seuil de l'église. Pour panser ces malheureux et
tous ceux qui sont disséminés, soit sous des tentes,
soit dans les maisons du hameau, il n'y a qu'un seul
chirurgien prussien ; aussi, accepte-t-il avec empressement nos services. Mon infatigable compagnon se
multiplie : sa main expérimentée devine et suit une
balle invisible ; il sort sa trousse, le patient ferme les
yeux et serre les dents ; la chair frémit sous l'acier
du scalpel ; souvent il faut faire une incision cruciale ;
la pince ramène enfin la balle. Quelquefois la forme
en est intacte, forme d'olive, si c'est une balle prussienne ; forme de cylindre allongé, arrondi à l'une
de ses extrémités, si c'est une balle française. Quelquefois aussi le projectile, a rencontré un os dans son

trajet; la balle est alors déchiquetée, mâchée, aplatie; elle entraîne avec elle des fragments d'os et de chair, et l'extraction en est plus douloureuse.

Les fractures de membres et les blessures au ventre sont les plus nombreuses et la proportion des blessures à la poitrine est très-faible; c'est sans doute un effet du hasard, mais nous l'observerons pendant toute la campagne, et je me borne à le signaler sans en chercher l'explication. Un autre fait que je constate, et qu'il faut bien se garder de considérer comme une exception, c'est la présence de plusieurs blessures sur le même corps: beaucoup de blessés ont deux et trois blessures, et nous en trouverons quelques-uns, surtout à Frœschwiller, qui portent jusqu'à quatre et cinq blessures, faites soit par des balles, soit par des éclats d'obus. La portée des armes actuelles, la rapidité et la précision du tir, en un mot, le perfectionnement de l'art de tuer, expliquent suffisamment la multiplicité des blessures, et, s'il y a lieu de s'étonner, c'est bien plutôt du nombre de ceux qu'épargne cette pluie de fer. Au surplus, les blessures reçues de face ne sont guère plus nombreuses que celles reçues par derrière et sur les côtés. L'obus, en effet, éclate aussi souvent derrière le soldat que devant lui; quant aux balles, les unes sont reçues à l'attaque, les autres pendant un mouvement de retraite, et l'antique déshonneur d'être frappé par derrière n'a plus aujourd'hui aucune signification. Nous observons, d'ailleurs, que la plupart des blessés n'ont aucun souvenir de la position qu'ils occupaient, lorsqu'ils ont été atteints.

Dans tout le rayon que nous visitons autour du Bruckmuhl, il semblerait que l'artillerie ait joué un rôle moins important que la mousqueterie ; les blessures, par éclats d'obus, sont assez rares, et c'est sur les hauteurs de Frœschwiller et d'Elsasshausen qu'elles prendront une proportion excessive. L'explication la plus plausible est que la bataille ne prit sur ce point de sérieuses proportions qu'à quatre heures du soir, à l'arrivée imprévue des Badois, destinés à tourner la position de Frœschwiller par Morsbronn.

Les pansements terminés à Spachbach, nous distribuons aux soldats français notre tabac et nos cigares, et nous revenons au Bruckmuhl, où nos compagnons nous attendent. Ils ont trouvé Gunstett et Eberdorf encombrés de blessés ; mais du moins l'évacuation sur Haguenau s'y fait sans relâche. Depuis le matin, malgré la pluie qui défonce les routes, les chars de paysans n'ont pas cessé d'enlever les blessés du Bruckmuhl. Ceux qui restent encore sont des soldats allemands qui doivent être dirigés, dans l'après-midi, du côté du Rhin. Nous prenons donc congé des deux chirurgiens prussiens qui se font un devoir de rester jusqu'au dernier moment. Qu'il me soit permis, malgré les douloureux sujets de haine qui séparent aujourd'hui les deux peuples, de leur donner ici un témoignage de reconnaissance, en souvenir des soins dévoués

qu'ils ont prodigués à nos compatriotes, de leur cordial empressement à nous donner tous les matériaux
qui pouvaient nous manquer. Pour eux, comme pour
nous, le soldat tombé n'a point eu de nationalité. C'est
au nom des blessés du Bruckmuhl que je rends hommage à leur impartial dévouement et, si le hasard fait
que ces lignes tombent entre leurs mains, qu'ils trouvent dans notre reconnaissance le salaire de leur noble
humanité.

Nous remontons à Morsbronn, où nous consacrons
le reste de la soirée à renouveler les pansements, à
charger les blessés sur les chars, et nous ramenons ce
convoi à Haguenau. L'hôpital et les ambulances privées
sont déjà pleins, et des internes de Strasbourg sont
venus apporter leur précieux concours au service
médical de la ville. A l'hôpital, une salle est consacrée
aux amputations : ne pénétrons point dans ce lieu de
misères où tout est ensanglanté, où une forte odeur de
chloroforme et d'abattoir vous saisit à la gorge, et où
l'œil est invinciblement attiré par des débris informes
de mains, de bras et de jambes abandonnés le long
des murs. Et cependant des sœurs grises s'y trouvent,
intrépides et dévouées, surmontant l'horreur par la
charité !

Tous les hôtels sont envahis par les officiers prussiens
qui font défense expresse aux aubergistes de servir des
aliments à quiconque n'appartient point aux ambulances. Grâce à l'hospitalité d'un habitant qui fait

étendre, à notre intention, des matelas dans un vaste grenier, nous goûtons quelques heures d'un repos nécessaire et, dès l'aube, nous retournons à Morsbronn.

Les blessés que nous y trouvons sont des chasseurs bavarois, des Badois, des turcos et les débris des 8ᵉ et 9ᵉ cuirassiers. Quel navrant spectacle pour des Français ! la grande rue de Morsbronn, qui monte en pente roide vers le sommet du coteau, est encombré, sur les côtés, de casques et de cuirasses entassées. Dans une grande auberge qui borde la route et qu'on a convertie en ambulance, sont étendus pêle-mêle des blessés de toute arme. C'est le troisième jour après la bataille et déjà l'odeur de leurs plaies devient intolérable ; les planchers sont couverts de plaques rougeâtres et gommeuses, de bandes ensanglantées et durcies, de tampons de charpie, jaunis par la suppuration. Tandis que nous renouvelons les bandages d'un lieutenant bavarois, beau garçon à la fleur de l'âge, qui a les deux jambes traversées par une balle, un groupe d'officiers supérieurs pénètre dans la chambre et se découvre en entrant ; l'un d'eux précède les autres de quelques pas, et, à l'avide curiosité des blessés allemands, nous voyons que ce doit être quelque personnage important. C'es un bel homme, à favoris blonds, ayant sur le visage une expression de franchise et de sincère sollicitude ; c'est le prince royal, le vainqueur de Frœschwiller. Il s'approche du blessé dont l'œil exprime l'orgueil et l'émotion, et le colloque suivant s'établit entre eux :

4

« Comment vous appelez-vous, lieutenant?

— Kammerer, mon prince.

— Comment! seriez-vous des Kammerer de Munich?

— Oui, mon prince.

— J'ai connu votre digne père, il était à Kœnigsgratz, c'était un brave.

— Il est mort, mon prince.

— Je le sais, lieutenant; il revit en vous et vous honorez sa mémoire; que Dieu vous garde! vous guérirez et je me souviendrai de vous. »

Il tend la main en souriant au blessé qui s'en empare et la serre avec effusion; puis il donne à ses officiers quelques ordres relatifs aux blessés, jette un rapide coup d'œil sur nos brassards et s'éloigne en saluant en nous les ouvriers d'une œuvre sainte. Cette noble simplicité nous frappe et je cherche vainement alors, au dedans de moi, la haine pour celui qui nous a vaincus.

Le défilé de l'invasion allemande se continue, depuis trois jours, sans interruption. Toutes les routes sont noires de troupes; on dirait d'une fourmilière active, rapide, silencieuse. On n'entend pas un cri, pas un chant, et cependant ils doivent avoir l'ivresse de leur victoire; mais la discipline est gravée dans tous les cœurs et pas un homme ne s'écarte des rangs. Il n'est pas, dans toute cette armée, un bas officier qui ne soit muni d'une carte minutieuse du pays envahi; partout, pendant toute la campagne, quelque corps d'armée que nous traversions, nous aurons à le constater. Ces cartes indiquent non-seulement les routes, mais même les chemins vicinaux et les sentiers qui raccourcissent les distances. Les sous-officiers, qui commandent des groupes détachés, ne sont point obligés de recourir aux habitants pour en faire leurs guides; si une bifurcation les embarrasse, ils consultent le poteau indicateur, contrôlent la direction sur leur carte et l'escouade se remet en marche sans hésitation, sans arrêt, avec la paisible assurance que donne la certitude de ne point se tromper. Les ordres des officiers, lancés d'une voix ferme et gutturale, sont exécutés en silence, et leur foule s'écoule, se dirigeant sur les passages des Vosges. C'est là, pensons-nous, que les difficultés et les hésitations commenceront pour eux; c'est là qu'ils trouveront, des obstacles naturels décuplés par la main de l'homme; c'est là que leur effort se brisera. Vaine espérance que nous ne devons pas conserver longtemps! les passages seront libres; trois jours suffiront aux Allemands pour franchir ce rempart de granit, sans une heure d'arrêt ou d'incertitude, sans brûler une seule cartouche. Mais n'anticipons pas.

Chaque maison de Morsbronn porte le drapeau international; sur le seuil des maisons, sont assis des blessés; les uns ont le bras en écharpe, les autres se soulèvent, à l'aide de béquilles; presque tous sont des cuirassiers. Nous pénétrons dans les maisons après

cette invariable question : Haben sie voch blessirten[1]?
et cette invariable réponse : Jesus mein gott, ia, zu
viel[2]. Au presbytère, le curé nous introduit auprès de
M. de Finance, chef d'escadron au 8ᵉ cuirassiers; cet
officier nous explique, d'une voix affaiblie mais encore
vibrante, la terrible mission de ces deux régiments,
disparus, mais que la légende immortalisera.

« Au sortir de Morsbronn, nous dit-il, je chargeais
dans le fond du vallon, à la tête de mon escadron; une
balle abattit mon cheval; déjà j'étais parvenu à me
dégager et, à genoux sur le sol, je m'apprêtais à me
relever, lorsqu'une seconde balle me traversa les deux
jambes à la hauteur du genou. J'ai été transporté ici,
par bonheur, ajoute-t-il, en remerciant d'un regard le
curé, et, cependant, je soupire après l'heure où je serai
transporté dans une ville, pour pouvoir faire parvenir
à ma famille quelques mots sur ma situation. »

Je lui offre d'écrire à Mᵐᵉ de Finance, ce dont il
me remercie avec effusion. La lettre partit le lendemain, parvint à destination, et j'ai su plus tard, par
quelques lignes reconnaissantes, que Mᵐᵉ de Finance
n'avait pu obtenir de l'autorité militaire prussienne
la permission de se rendre à Haguenau, auprès de son
mari.

Mais quelles sont ces détonations que nous enten

1. Avez-vous encore des blessés?
2. Jésus mon Dieu, oui, que trop!

dons en sortant du presbytère? Dans une vaste prairie, qui descend vers le vallon, des soldats prussiens donnent la chasse à des chevaux blessés qu'ils ont ordre d'abattre. La plupart des ces animaux ont des blessures si légères qu'il suffirait de quelques soins et de quelques semaines pour en avoir raison; mais la consigne est impitoyable, ils doivent mourir. Les uns, plus valides, remontent la prairie au grand trot, sentant d'instinct que l'abri est au village; les autres boitent péniblement, s'arrêtent en reniflant, regardent anxieusement du côté des exécuteurs, avancent de quelques pas, le cou tendu vers le village; mais la sentence est inflexible, l'herbe qu'ils foulent doit les recouvrir demain. Lentement, traîtreusement, leurs bourreaux se rapprochent, se placent par le travers et visent à loisir; le plus souvent, la pauvre bête est touchée, un jet de sang s'échappe; mais elle n'est point atteinte dans une partie vitale et, les naseaux grands ouverts, elle tente affolée, une course suprême, toujours dans la direction du village où lui semble être le salut. D'autres bourreaux, sans armes, lui barrent le passage; l'exécution est à recommencer, le coup part; bien souvent, le tireur manque le cheval et la balle siffle aux oreilles des spectateurs. Enfin, épuisée, haletante, la pauvre bête laisse approcher l'homme à dix pas d'elle, une dernière détonation se fait entendre. S'il est frappé à la tête, le cheval foudroyé s'abat lourdement et roule sur le flanc, immobile et détendu;

il ne souffre plus. Si la balle le frappe au défaut de l'épaule, il fait deux ou trois bonds énormes, pour ainsi dire sur place, s'abat sur les quatre pieds, se relève deux ou trois fois avec effort sur les pieds de devant qui creusent fébrilement le sol, se couche enfin sur le côté et, après quelques convulsions, pousse un dernier et bruyant soupir. Les Prussiens en achèvent ainsi un grand nombre, ne voulant pas traîner après eux des bouches inutiles et ne se souciant pas de laisser aux paysans de la contrée les chevaux légèrement blessés, que ceux-ci sauraient bien sauver et utiliser. Que de beaux chevaux j'ai vus tomber ainsi! C'est un spectacle barbare, un principe froidement cruel, mais qui se rattache à cet ensemble de dispositions impitoyables et logiques dont nos ennemis savent prendre, sans émotion, la responsabilité.

Pour être logiques jusqu'au bout et remplacer les chevaux perdus, ils mettent à réquisition tous les chevaux de la contrée envahie, ce qui implique aussi le char et, le plus souvent, le conducteur; le malheureux n'a pas le choix, car le vainqueur ordonne; il lui faut abandonner son toit, sa femme et ses enfants pour suivre les ennemis de son pays dans une direction et pour une durée inconnues. C'est l'inexorable loi de la guerre, et le Prussien ne se targue pas de philanthropie ni de sentimentalité en campagne; il prétend même que nous en ferions tout autant chez lui. Puissions-nous être un jour en situation de lui prouver le contraire!

Les pansements terminés, nous revenons à Haguenau avec un convoi de blessés qu'on disperse chez les habitants, consternés par la nouvelle du complet investissement de Strasbourg.

La soirée se termine pour nous par un accident : au moment où nous regagnons notre grenier pour y prendre quelques heures de sommeil, notre brave camarade Sch..., l'un des plus solides du groupe, heurte le seuil dans l'obscurité, tombe et se fait une profonde entaille au poignet droit sur les tessons d'une bouteille qu'il portait à la main. Cette blessure le fit invalide pour tout le cours de la campagne; mais il ne nous en fut pas moins précieux, comme ardeur entraînante, comme conseil et comme savoir-faire pour improviser, dans les contrées dévastées que nous avons parcourues, des ressources auxquelles aucun de nous n'eût songé.

Le 9 août, à quatre heures du matin, nous sommes tirés de notre lourd sommeil par un épouvantable fracas : c'est le plafond qui s'effondre. Notre première pensée à tous est qu'un obus vient de traverser la toiture, que c'est le commencement d'un combat, et nous nous levons en sursaut. La cause de ce vacarme est plus modeste; ce sont les infiltrations d'une pluie battante à travers la toiture qui ont détrempé le plâtre du plafond et en ont déterminé la chute sur une large surface. Rien de plus comique que ces seize corps se précipitant, dans les costumes les plus hétéroclites, à l'abri de cette avalanche.

L'heure du départ arrive, chacun boucle son sac et dit à Haguenau un mélancolique adieu. Nous dépassons Morsbronn et nous suivons le vallon jusqu'à Wœrth ; c'est là que l'armée prussienne a le plus souffert du feu de notre armée ; la prairie est littéralement couverte de casques et de fusils, de chevaux morts et de capotes prussiennes ; bien que les fossoyeurs aient déjà passé par là, il reste encore des cadavres prussiens dans les fossés qui bordent la route et sur les prés qu'elle traverse. De loin en loin, éclatant comme un coquelicot dans un champ de bluets, on aperçoit un pantalon garance ; quelques cuirasses déjà rouillées, des caisses de tambours français témoignent que nos troupes sont descendues dans ces fonds désolés. Des infirmiers prussiens fouillent les taillis, qui garnissent le coteau, pour y chercher les blessés qu'ils recèlent encore, quoique ce soit déjà le quatrième jour qui commence.

Dans le village, les toitures crevassées, le clocher de l'église percé à jour, les vitres brisées, les murs étoilés par les balles ou la mitraille, disent éloquemment quelle a dû être la fureur de la lutte. Il y a des blessés dans chaque maison ; mais les secours médicaux abondent et l'évacuation sur Soultz et Haguenau s'effectue rapidement. Dans une cour grillée, donnant sur la grande rue du village, des chirurgiens prussiens, aidés de deux chirurgiens français et de quelques infirmiers civils de bonne volonté, ont installé le lit de douleur sur lequel viennent tour à tour prendre place les malheureux dont les membres fracassés réclament une amputation immédiate; presque tous veulent être endormis pour se soustraire à l'horrible souffrance; mais, malgré la richesse des ambulances prussiennes, le chloroforme devient rare, on ne peut leur accorder à tous cette triste faveur et les cris aigus des patients font frissonner leurs camarades qui attendent leur tour avec angoisse.

Il y a dans Wœrth une importante proportion d'officiers français, appartenant à l'infanterie, aux zouaves et aux chasseurs à pied. Nous consacrons deux heures à faire des pansements et, sur l'invitation du chirurgien-major des ambulances prussiennes, nous partons pour Frœschwiller, après avoir serré avec émotion la main de nos infortunés compatriotes.

Wœrth est le point de bifurcation où la route de Wissembourg se divise en deux tronçons : l'un conduit par Morsbronn et Haguenau à Phalsbourg et Saverne; c'est celui que nous laissons; l'autre conduit par Frœschwiller et Niederbronn, sur Bitche et Metz; c'est celui que nous allons prendre. Nous entrons ici en plein cœur de la lutte; les deux tronçons se séparent à angle droit; au sommet de l'angle, le canon de Frœschwiller commande les deux routes; c'est là que le maréchal Mac-Mahon s'est solidement établi avec l'élite de ses troupes. Maître de Frœschwiller, le prince royal peut, à son gré, envahir la France par la trouée de Phalsbourg et Saverne, en laissant Strasbourg investi

sur sa gauche, ou tendre la main, par Niederbronn et
Sarreguemines, au prince Frédéric-Charles, qui vient
d'écraser, à Forbach, le corps d'armée du général Frossard. Pour s'emparer de Frœschwiller, il faut gravir
quinze cents mètres de route et de coteaux, en pente
raide, sous les feux plongeants de l'artillerie et de la
mousqueterie.

Dans les ondulations de la colline le maréchal a
étagé ses troupes; aussi, le sol est-il jonché de morts
des deux armées; quelques-uns, dans les dernières
convulsions, ont écarté les vêtements qui couvrent leur
poitrine, comme pour en arracher la balle qui. l'a
traversée; d'autres sont tombés, foudroyés, la face en
avant; le plus grand nombre est couché sur le dos,
dans l'attitude du sommeil. Beaucoup ont la face noire
et gonflée; ils sont morts, étouffés par une hémorrhagie
interne, et leurs têtes, tuméfiées, ont pris de hideuses
proportions. Quelques-uns, dans leur agonie, ont labouré le sol avec leurs ongles ou tiennent dans leur
main crispée des touffes d'herbe déjà flétrie. Tout
autour de Frœschwiller, dans un rayon de plus d'un
kilomètre, le carnage est le même; les arbres qui bordent la route ont l'écorce de leurs troncs déchirée par
la mitraille; aussi loin que la vue peut s'étendre, on
aperçoit pêle-mêle les pantalons rouges de nos troupes
de ligne et les uniformes sombres de l'infanterie prussienne. D'innombrables quantités de cartouches sont
incrustées dans le sol détrempé par la pluie. Quand

donc donnera-t-on la sépulture à tous ces corps?
Hélas! il y en a tant qu’on n’y peut suffire et déjà,
quoique retardée et atténuée par la pluie, leur décomposition répand dans l’atmosphère des bouffées nau-
séabondes.

Nous gravissons lentement cette route funèbre, à la
suite d’un régiment bavarois, et nous entrons dans
Frœschwiller.

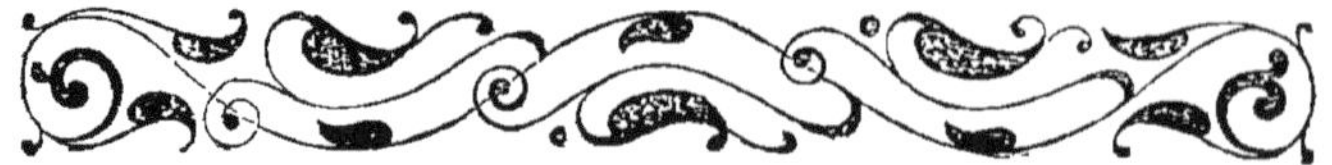

V

FRŒSCHWILLER

Si vous feuilletez le dictionnaire des communes de France pour vous renseigner sur l'importance de cet imperceptible point dont le nom appartient pour toujours à l'histoire, Frœschwiller se présente à vous sous la rubrique suivante : « Frœschwiller, Bas-Rhin. — Commune de 581 habitants, à 262 mètres d'altitude ; canton, poste et paroisse de Wœrth (2 kilomètres), arrondissement de Wissembourg (27 kilomètres), à 46 kilomètres de Strasbourg ; paroisse protestante. »

C'est, en effet, un riant village ; l'aurore du 6 août le trouve endormi dans la verdure et la rosée ; les maisons blanches s'appuient sur de frais jardins, avec leurs carrés bordés de buis, leurs tonnelles de clématite, de vigne vierge et de chèvrefeuille ; les pommiers des vergers fléchissent sous le poids de leurs fruits ; le soleil gravit l'horizon au-dessus des brouillards du Rhin ; les oiseaux saluent, de leurs chants, l'aube nais-

sante ; la cloche de l'église sonne l'angelus ; c'est la
paix.

Attendez encore douze heures : les toitures éven-
trées s'inclinent, les murs vous apparaissent dans la
flamme et la fumée ; les arbres déchiquetés laissent
pendre leurs branches brisées ; dans les jardins bou-
leversés, des ombres se traînent le long des haies et
des clôtures, des corps s'allongent au milieu de débris
d'armes, de vêtements lacérés, de gibernes, de sabres
tordus, de chassepots et de casques noirs ; le clocher
de l'église en feu s'est écroulé, entraînant dans sa
chute la toiture entière ; il en reste les quatre murs
qui sont là comme un four géant, au centre duquel
une immense fournaise vomit vers le ciel des nuages
d'étincelles, de flammes languissantes et de fumée
noire ; quelques sons aigus de clairon se mêlent à des
gémissements lamentables ; le bruit sourd des caissons
et le galop des cavaliers ennemis, qui s'élancent dans
une poursuite ardente, couvrent le roulement lointain des dernières volées de mitraille sur la route de
Reischoffen ; vous chercheriez en vain dans ce chaos
un être humain sans armes ; c'est la guerre.

Tel était encore l'aspect de ce malheureux village,
lorsque nous y arrivâmes dans la soirée du 9 août ; le
bruit seul avait cessé ; quelques maisons achevaient
lentement de se consumer, malgré la pluie que, depuis
la bataille, le ciel déversait à torrents, comme pour
laver les souillures du sol. Quant aux maisons restées

debout, elles avaient été abandonnées par leurs habitants dans cette journée d'épouvante, et pas un n'avait
encore eu le courage de venir contempler sa ruine.
Le défilé de l'armée d'invasion se continuait dans son
immuable et silencieuse régularité, et, pendant les
trois ou quatre jours que nous consacrâmes à Frœschwiller, il ne subit même pas d'interruption pendant la
nuit. C'étaient des artilleurs bavarois, vêtus de la
tunique bleu de ciel, coiffés du casque en cuir bouilli,
surmonté d'une chenille noire ; c'étaient des régiments
d'infanterie, avec la tunique d'un bleu sombre, le
casque d'un noir brillant, orné de l'aigle et de la co-
carde prussienne blanche et noire ; quand la pluie re-
doublait de violence, ils s'enveloppaient de leur grande
capote sombre, portant sur chaque épaule une patte
sur laquelle est inscrit le numéro du régiment et du corps
d'armée ; il y avait là des Poméraniens, des Silésiens,
des Polonais ; cavalerie, artillerie, infanterie, toutes
ces troupes défilaient en silence dans la boue liquide
des routes, sous la pluie et le vent, sans prononcer
une parole, sans proférer un murmure, marchant de
ce pas mesuré et lent, en apparence, mais aussi rapide,
en réalité, que notre pas accéléré ; pas un son de tambour
ou de trompette ne troublait le silence que rompait
seule, irritée sans doute d'avoir à se produire, la voix
des chefs, âpre, brève, uniforme, comme s'ils avaient
tous dans le larynx une corde vocale d'ordonnance.
Canons, caissons, fourgons de vivres, voitures d'am-

bulance, chars de paysans allemands ou alsaciens,
requis pour le transport des subsistances et des fourrages, tout ce monde s'écoulait comme un fleuve. Nous
admirions la légèreté de leurs canons d'acier, de cette
couleur grise et froide qui donne à certains yeux le
pouvoir de faire frissonner. Quand il pleut, on re-
couvre la pièce d'une chemise noire en toile cirée, qui
lui prête un aspect encore plus sinistre. Six chevaux
sont attelés à chaque pièce; trois suffiraient à la traîner
sans effort. Les chevaux sont d'une race nerveuse, aux
jambes fines et saines, de belle taille, en moyenne
$1^m,60$ au garrot; leur robe est d'un bai-brun lustré. Il
en passe ainsi des milliers, tous pareils, et nous comptons bien peu d'attelages médiocres. La charronnerie
et la carrosserie sont sobres et solides, uniformément
peintes en gris clair, avec les ferrements en noir; des
forges de campagne, soigneusement outillées, accompa-
gnent chaque batterie.

Tous ces hommes ont le même teint blond, le même
casque, le même pas, le même mutisme; toutes les
voix qui commandent ont le même timbre; tous ces
équipages sont gris; tous ces chevaux se ressemblent
comme autant de photographies; et, les premiers jours,
nous éprouvons, à les voir et à les entendre passer,
l'impression agaçante et énervante que produit le bruit
d'un moulin ou d'une machine à battre. Nous songeons
aussi avec douleur que tant de force amoncelée se dirige vers le cœur de la France; ils vont, en effet,

franchir les Vosges, en enlevant, sur leur passage, les forts de Lichtemberg et de la Petite-Pierre, qui, dans notre système de défenses, relient Bitche à Phalsbourg.

La mairie de Frœschwiller, l'école et le château de M. de Durckheim sont transformés en ambulance. Une notable quantité de blessés prussiens a déjà été évacuée sur Soultz et la majeure partie de ceux qui sont restés est composée de Français. Les officiers d'infanterie, de zouaves et de chasseurs sont nombreux; ils sont soignés par des chirurgiens français prisonniers. Prisonniers! pourquoi donc? Demandez-le au premier soldat allemand que le hasard mettra sur votre route; il vous répondra que nos chirurgiens n'ayant pas, par dédain ou par ignorance, arboré le brassard international, ils n'ont pas eu le bénéfice de la neutralité qu'il confère, en vertu de la convention de Genève, et se trouvent prisonniers de guerre. Si vous posez la même question à nos soldats et à beaucoup de nos officiers, leur embarras est naïf; ils ne connaissent même pas le brassard, nous prennent pour des francs-tireurs et s'étonnent de la liberté dont nous jouissons. N'est-ce pas là un signe caractéristique de cette période d'insouciance, d'indifférentisme et de dédaigneuse ignorance? Une convention internationale entre les premières puissances de l'Europe règle les conditions dans lesquelles seront neutralisés toutes les personnes et les objets affectés au service des blessés; quelles que puissent être les difficultés que présente son application sur les champs soupçonneux et inflexibles de la guerre, l'humanité l'emporte, le principe de la neutralité est admis et, pour en jouir, il suffit de porter à son bras ou d'arborer sur son fourgon un humble morceau de toile blanche avec une croix rouge. Eh bien, dans toute notre armée, quoique la France ait signé la convention, pas un soldat ne connaît cet insigne et n'a d'ordres pour le respecter ; les officiers eux-mêmes, sauf de rares exceptions, l'ignorent. Quant à nos chirurgiens, quelques-uns sont confus de l'avoir oublié ; d'autres avouent et regrettent franchement leur ignorance ; beaucoup se renferment dans cette dignité froide qui convient à des natures supérieures. Dignes ou grotesques, ils n'en sont pas moins prisonniers, et, quoique leur esprit plane dans les régions sereines de la science, la chair ne renonçant pas à ses droits, ils trouvent dans la question des vivres un sérieux sujet d'inquiétude et daignent s'en préoccuper. Ils en ont, hélas ! le loisir, car leurs fourgons d'ambulance, leur matériel d'infirmerie ont, en grande partie, disparu dans la bagarre, et, sans l'abondance des ambulances prussiennes, non point seulement à Frœschwiller, mais partout où nous passerons, les blessés français en seraient réduits le plus souvent à laver leurs plaies avec la pluie du ciel et à les bander avec les lambeaux de leur chemise.

Il nous faut entendre les plaintes indignées des majors ennemis : nos soldats ont tiré sur les ambulances et sur les infirmiers prussiens. Nous nous bornons à de stériles dénégations; comment, en effet, faire croire à nos ennemis que toute une armée n'ait rien su de la convention quand le dernier de leurs soldats en connaît et en respecte les insignes sacrés? C'est de la confusion que nous éprouvons, une honte patriotique, car de nos propres constatations nous devons conclure que leur assertion est exacte.

On nous dit que tout le corps médical de l'armée du maréchal se trouve prisonnier dans Frœschwiller. Il nous est difficile de le croire : en y comprenant, en effet, quelques chirurgiens détachés à Wœrth et à Elsasshausen, nous en comptons une vingtaine environ et je ne pense pas que ce soit là la seule ressource d'une armée de trente-cinq mille hommes, en campagne.

On trouvera peut-être injustes les reproches que je viens de formuler et qui peuvent se résumer en ces termes : ignorance ou insouciance de nos chirurgiens militaires ; vous oubliez, me dira-t-on, le trouble et le désarroi d'une défaite ; on leur avait tout pris, n'accusez pas leur dénûment ; ils étaient captifs, respectez leur infortune. — Je répondrai : S'ils ont été faits prisonniers, c'est leur faute et c'est notre honte ; s'ils ont perdu tout ce qui doit soulager le blessé, c'est qu'ils ont ignoré ou dédaigné le drapeau qui devait couvrir le matériel précieux d'ambulance dont la nation fait suivre ses enfants. Si leur infortune personnelle m'a touché, il m'a paru honnête et juste de garder la plus grosse part de ma compassion pour ces blessés restés prisonniers, entourés de soins insuffisants, doublement victimes et de la guerre et du néant de notre intendance. J'ajouterai d'ailleurs, pour n'avoir pas à revenir sur ce triste sujet, que, quinze jours plus tard, après quelques négociations, nos chirurgiens furent rendus à la liberté et rentrèrent en France par le duché de Bade et la Suisse.

Il n'entre pas dans mon plan trop restreint de rechercher d'où vient le mal et d'examiner la question des rapports tendus de l'intendance et du service médical qu'elle absorbe. Je n'accuse point individuellement nos chirurgiens, qui, pris isolément, sont prêts, n'en doutons pas, à tous les dévouements ; mais je ne saurais trop insister, dans ce qui a trait à nos ambulances, sur les lamentables résultats d'une organisation boiteuse, vicieuse, décrépite, et qui s'est trouvée, au moment solennel d'une déclaration de guerre, dans un tel état d'impuissance que chacun se demande si nous avions vraiment une intendance et jette un regard involontaire sur les derniers budgets du ministère de la guerre.

Notre première soirée à Frœschwiller est consacrée aux pansements qu'il est indispensable de renouveler fréquemment pour éviter la purulence, le temps humide et orageux étant particulièrement propice à une rapide infection, et nous avons peine à répondre aux demandes pressantes de tous ces malheureux étendus sur la paille. Le point central où ils sont accumulés est le château de M. de Durckheim. Ce château est situé près de l'église du haut de laquelle nos zouaves faisaient un feu continu sur les colonnes prussiennes montant à l'assaut du village; aussi est-il criblé de projectiles. Abandonnée par nos soldats, l'église avait été transformée en ambulance lorsque le feu s'y déclara; on avait eu, par bonheur, le temps d'évacuer sur le château tous les blessés au moment où l'église s'effondra. Sur la pelouse qui se trouve devant l'habitation, sont établis un campement prussien, un parc d'artillerie et quelques tentes françaises, sous lesquelles reposent des blessés bavarois. A tous les étages du château, les appartements sont remplis d'officiers français; ce n'est pas le pansement par lequel nous commençons qui les touche le plus, mais l'offre qu'ils acceptent avec une ardente reconnaissance de transmettre à leurs familles quelques lignes tracées sur leurs propres indications. Que de confidences touchantes faites à voix basse par quelques-uns, comme si, sous la mâle livrée du soldat, ils avaient à rougir de leur tendresse! Ils sont tous forts et résolus devant l'adversité qui les frappe; mais ce qui rend leur situation plus douloureuse, c'est la certitude d'être prisonniers, l'appréhension de se voir diriger sur l'Allemagne et d'échapper ainsi fatalement aux consolations et aux soins que la famille seule peut donner. Les vivres manquent à Frœschwiller, et nous leur partageons quelques morceaux de pain et de charcuterie qu'ils regardent avec l'expression de convoitise de gens affamés ; les moins malades acceptent avec empressement du tabac et de grossiers cigares faits avec ces feuilles récoltées dans l'est et qui n'arrivent jamais à complète maturité ; les malheureux ne sont pas difficiles, et leur plaisir est tel, qu'ils nous écoutent à peine, quand nous leur recommandons instamment d'être attentifs à ne point enflammer la paille qui leur sert de couche.

Dans un cabinet qu'une étroite fenêtre ne suffit point à rendre clair, sont étendus, l'un près de l'autre, un chef de bataillon d'infanterie et un capitaine au 13e bataillon de chasseurs à pied ; celui-ci, le capitaine Armand, a reçu une balle dans la poitrine ; sa respiration est inégale et oppressée ; il ouvre les yeux à notre entrée :

« Capitaine, lui dis-je, voulez-vous que je renouvelle votre pansement ? »

Il me fait de la tête un signe négatif et ses yeux se referment. Je me penche sur lui et lui dis à demi-voix :

« Je suis un Français, un ami ; puis-je vous obliger, capitaine ? Voulez-vous que j'écrive à quelqu'un ?

— Oui, me dit-il d'une voix sifflante et saccadée ; j'ai deux petits enfants, écrivez à ma femme, dites-leur que vous m'avez vu, que... ma blessure est légère, qu'il faut qu'ils espèrent ; merci ! »

En prononçant ce dernier mot, il entr'ouvre sa paupière pour me remercier d'un regard, et je lis dans ses yeux creusés un inexprimable désespoir. Je serre sa main inerte, et, les yeux pleins de larmes, je lui dis : « Adieu, capitaine, vous pouvez y compter. » Il mourut dans la nuit, et je n'eus pas le courage, quand je fus sorti des lignes prussiennes, d'en informer celle à laquelle j'avais pris l'engagement de transmettre une espérance. Si, par hasard, ces lignes tombent sous ses yeux, qu'elle y trouve du moins le témoignage que la dernière pensée du mourant a été pour ceux qu'il aimait.

Dans les dépendances du château, dans les écuries, dans les granges, partout enfin où il y a place pour une botte de paille et pour un corps, sont étendues des épaves humaines. Ici, les éclats d'obus font une sérieuse concurrence à la balle. Les blessures au ventre sont très-nombreuses ; elles ne laissent généralement pas d'espoir, et, pendant les quatre journées que nous passons à Frœschwiller, il est rare que nous ne trouvions pas, en repassant à quelques heures d'intervalle, une place vide là où nous avions laissé un mourant. Le pansement des blessures au ventre est un des plus pénibles pour des débutants ; la bande qu'il faut remplacer est imbibée d'un liquide jaunâtre qui s'écoule par la blessure ; il s'en exhale une odeur putride toute particulière et qui n'a rien de commun avec l'odeur des plaies aux membres. Presque toutes les blessures au ventre sont mortelles ; ceux qui en sont atteints souffrent peu les deux premiers jours ; mais ils sont, en général, emportés le troisième ou quatrième jour par une péritonite aiguë.

Nous avisons, le long d'un mur, un turco étendu sur un brancard ; il est immobile ; ses yeux sont ouverts, mais il ne nous voit pas ; nous lui parlons, il ne nous entend pas. Nous cherchons sa blessure, et, en lui soulevant la tête, nous voyons avec horreur la partie postérieure du crâne fracassée et livrant passage, par un trou béant, à un mélange hideux de sang et de cervelle ; un essaim de mouches cherche là sa curée. De temps en temps, un frémissement général agite son corps et fait trembler ses lèvres ; mais la vie matérielle persiste seule et l'intelligence est bien morte.

Il y a beaucoup de ces blessures qui ne laissent aucun espoir et qui condamnent le blessé à une longue et cruelle agonie. Un chirurgien prussien m'a affirmé que, dans ces cas désespérés, il ne se fait aucun scrupule d'administrer au patient, à l'aide d'un instrument qui pénètre entre cuir et chair, une injection de morphine qui, si elle n'achève pas le mourant, engourdit du moins toute sensibilité. En mon âme et conscience, après avoir vu ce turco, je n'hésiterais pas à prendre la même responsabilité. Nos chirurgiens français, par un scrupule qu'il faut respecter, se prononcent formellement contre l'application, même exceptionnelle, de ce principe.

La nuit arrive et nous songeons à nous procurer un

gîte dans ce village désolé; après bien des recherches, nous trouvons l'hospitalité dans la maison d'un garde forestier. A en juger par les collections d'animaux empaillés et par les livres soigneusement classés dans une bibliothèque, notre hôte était à la fois un chasseur et un lettré; des canards sauvages, des hérons, des martins-pêcheurs, des oiseaux de proie de toutes tailles ornaient, en compagnie de quelques volumes de géographie, d'histoire naturelle et de poésies alsaciennes, le sanctuaire où le digne homme se réfugiait sans doute en revenant de la forêt. Pour le moment, il s'était enfui avec les derniers soldats français, pour ne pas être fait prisonnier, et ce n'est que deux jours plus tard qu'il revint au village, vêtu en paysan.

Le gîte était donc trouvé, mais le souper était encore un problème; problème aussi l'éclairage, car il ne restait dans ce grand village abandonné ni une chandelle, ni même une allumette chimique.

Pendant que notre fourrier S... se détache vers le château pour y recueillir quelques bribes du repas de nos chirurgiens et des officiers prussiens, nous procédons à une perquisition minutieuse dans la maison du forestier; elle nous fait découvrir quelques pommes de terre avariées; il reste encore dans le jardin du persil et des radis noirs; enfin S... revient rapportant du pain, quelques œufs, et un reste de bœuf bouilli dédaigné par les officiers d'outre-Rhin. La question du souper résolue, il reste à pourvoir à l'éclairage. Mais

le docteur n'est jamais pris au dépourvu : il remplit
à moitié un verre de beurre fondu et pique une allumette dans un quartier de pomme de terre que son
poids entraîne au fond du verre; l'allumette, mêche
improvisée, est ainsi obligée de garder la verticale.
C'est si simple et si vite fait que chacun de nous s'i-
magine l'avoir trouvé; seul, le docteur avoue que le
procédé n'est pas de son invention et qu'il l'a vu pratiquer par les bûcherons de la Forêt-Noire, qui rem-
placent le beurre fondu par le suif ou le saindoux.

Le repas terminé, chacun de nous s'étend à sa
guise, qui sur un lit, qui sur un matelas, qui sur le
plancher dans sa couverture; les conversations s'éteignent et le silence n'est plus troublé que par le défilé
de l'invasion qui continue ou par le bruit régulier des
gouttes d'eau qui tombent du toit mis à jour par
les boulets.

Toute la journée du 10 août est consacrée aux
pansements; les fractures abondent; malheureusement
le plâtre et les planchettes, pour poser les appareils,
commencent à nous faire défaut. Dans l'après-midi, nous
retrouvons M. le vicomte de Flavigny qui se trans-
porte, infatigable, sur tous les points où la bataille a
semé ses victimes; il apporte de la pharmacie, des
ballots de linge, des sirops, des biscuits, des pastilles
de menthe, des chemises, objet précieux pour ces infortunés qui croupissent, depuis plusieurs jours, dans
le sang, dans la suppuration, dans la transpiration de

la fièvre; il apporte aussi des secours en argent et les distribue aux blessés qui peuvent marcher, qu'on emmène prisonniers et dont on voit les files lamentables se traîner péniblement sur les routes boueuses.

Je n'oublierai pas de mentionner le charitable dévouement de Mme de Durckheim qui, seule, dans son château, mis en quelque sorte au pillage et transformé en une vaste litière, se multiplie nuit et jour, sans relâche, sans faiblesse, image vivante de la charité, pour apporter quelque soulagement à toutes ces souffrances qui l'entourent; son inépuisable patience est toujours au service de tous; elle a compris que, dans un pareil désastre, c'est une faveur du ciel que d'être présent pour donner aide à l'infortune, et elle sait mêler à son infatigable activité une bonté sereine qui réconforte et sert d'exemple. Entraînés loin de nos foyers par un sentiment invincible, dépourvus des ressources que nous avons distribuées sur notre route, perdus dans ce pays ravagé, c'est à elle que nous devons en partie d'avoir pu y subsister sans être distraits de notre travail par le souci de trouver un morceau de pain, et je me fais un devoir de lui en témoigner ici notre reconnaissance; les blessés de Frœschwiller ne l'oublieront point, et plût au ciel que, dans ces temps où chaque journée compte de nouvelles victimes, il se trouvât partout pour leur venir en aide des cœurs aussi fraternels!

En pénétrant dans une petite étable que nous n'avions

pas encore aperçue, nous voyons un soldat prussien étendu sur une mince couche de paille sous laquelle fermente un épais fumier. Un éclat d'obus lui a fait, sous la cuisse, un trou profond, plus large que la paume de la main. Ce pauvre garçon a placé un pan de son manteau sous sa cuisse et, sans avoir reçu aucun pansement, oublié peut-être, et trop faible pour appeler, il est étendu là depuis quatre jours, en proie à une fièvre ardente. Nous soulevons avec précaution le membre mutilé pour examiner la blessure et nous voyons, dans une boue noirâtre de sang et de chairs pourries, s'agiter tumultueusement des larves immondes que nous troublons dans leur ténébreux travail. Ce sont là les surprises hideuses auxquelles l'infirmier doit s'habituer. Nous lavons soigneusement cette plaie et nous y appliquons des tampons de charpie maintenus par une large bande; mais la blessure a bien mauvaise apparence, peut-être sera-t-il trop tard pour conserver le membre.

J'ai personnellement conservé de ce pauvre soldat un assez fâcheux souvenir : je m'étais fait, au départ, en maniant maladroitement du phénol, une brûlure légère à l'annulaire de la main droite et la chair était à vif sur une petite surface; en plongeant ma main à plusieurs reprises dans l'eau qui nous servait à nettoyer la plaie, il est probable que mon doigt rencontra quelque germe malsain; toujours est-il que, dans la soirée, l'inflammation se produisit, la surface si minime du doigt qui était à vif s'élargit, prit une teinte blanchâtre avec une auréole rouge tout autour et, pendant quinze jours, cette plaie rebelle suppura en dépit des lotions et des caustiques que m'appliquait, soir et matin, notre docteur. J'eus toujours soin d'envelopper soigneusement le doigt malade, mais cette petite plaie ne m'en gêna pas moins bien souvent, pendant toute la durée de notre campagne, chaque fois qu'il fallait faire précéder d'un lavage le pansement d'une blessure déjà ancienne. Dans un travail comme celui que nous poursuivions, où la main manie sans cesse scalpels, aiguilles et ciseaux, et où l'infirmier se trouve en présence de blessures mal soignées et presque toujours purulentes, on ne saurait donner trop d'attention à la piqûre la plus insignifiante en toute autre circonstance, et les feuilles allemandes ou françaises ont déjà enregistré, depuis le commencement de la guerre, plusieurs cas d'infection suivis de mort.

Pour bien nous rendre compte du nombre de blessés encore disséminés dans Frœschwiller, nous nous divisons en groupes de deux ou trois infirmiers et nous visitons l'une après l'autre chacune des maisons du village. Le docteur et moi nous pénétrons dans une grange où sont couchés côte à côte une vingtaine de blessés. Quelques-uns lèvent la tête à notre approche, et de tous les points nous entendons : « Par ici, major. — Ah ! major, je souffre bien. — Major, il y a deux jours que je n'ai été pansé. —

Monsieur le major, ne va-t-on pas nous enlever d'ici?

— Oui, mes enfants; un peu de patience, votre tour va venir; n'ayez pas peur, voyez-vous, on ne peut pas enlever tout le monde à la fois.

— Major, mon bon monsieur le major, regardez ma jambe. — Major, une goutte à boire, s'il vous plaît. — Changez-moi de côté, major, depuis hier je n'ai pas pu me tourner.

— Oui, mes enfants, les uns après les autres, sacrebleu! — Tiens, camarade, voilà la gourde; une goutte seulement, il en faut pour tout le monde. — Toi, tu sauveras ta jambe, mon vieux, c'est une écorchure; nous allons te nettoyer ça. — Eh, sergent, là-bas, tu fumes, mon garçon; fais bien attention, vous rôtiriez tous ici comme des alouettes.

— Major, nous renverra-t-on chez nous? Sommes-nous prisonniers?

— Nous n'en savons rien, mes pauvres amis, nous ne sommes pas dans la confidence; dans tous les cas, ce ne serait pas pour longtemps; des lapins comme vous, ça ne doit pas mollir... — Et toi, camarade, qu'est-ce que tu as? »

Celui auquel je m'adresse est un artilleur bavarois; enveloppé dans sa capote, il est immobile et ne répond pas. « C'est drôle, me dit un zouave, son voisin; il n'a plus bougé depuis hier. » Je prends la main de l'artilleur, elle est glacée, le corps est déjà raide; nous enlevons ce cadavre de la grange, ainsi que celui d'un turco placé entre deux Prussiens qui nous le signalent, et nous déposons les corps côte à côte sous un pommier du verger.

Dans la grange voisine nous enlevons encore un cadavre qui est là depuis trente-six heures, et près duquel est étendu un capitaine du 13e bataillon de chasseurs à pied. Le blessé ouvre les yeux à notre approche; son teint est d'un jaune verdâtre; une balle lui a traversé les reins, et les fonctions de ces organes sont paralysées depuis quatre jours ; ses traits décomposés expriment d'horribles souffrances et ses yeux ont déjà cet aspect vitreux et cette fixité qui annoncent que l'infortuné sera bientôt au terme de ses maux. D'une voix à peine intelligible il supplie le docteur de lui apporter quelque soulagement à l'aide de la sonde. Le docteur se rend à son désir et nous soulevons le moribond pour l'asseoir sur une chaise; il est si faible qu'il ne peut s'y tenir assis et je suis obligé de le prendre par-dessous les épaules pour l'empêcher de tomber; son haleine, qui s'échappe par hoquets convulsifs et qui me frappe ne plein visage, est empoisonnée et je me raidis, en fermant les yeux, pour avoir la force de le soutenir jusqu'au bout. Mais la balle a fait de tels ravages que le liquide s'épanche intérieurement; la sonde est impuissante et nous reposons tristement sur la paille ce corps agonisant et déjà saisi aux extrémités par le froid de la mort. On nous apprit le lendemain que le capitaine Pierre, c'est son nom, s'était éteint dans la soirée.

Les journées ainsi remplies s'écoulent rapidement et la nuit vient interrompre notre travail. Grâce aux largesses du château, nous soupons encore ce soir-là sans trop faire brèche à nos maigres provisions. C'est un zouave prisonnier qui s'en fait le distributeur; intelligent et déluré, il s'est improvisé cuisinier, c'est-à-dire homme indispensable pour les Prussiens et les Français, sans distinction de nationalité; toutefois, sous cette apparente indifférence, son patriotisme subsiste et, grâce à la liberté dont il jouit, il nous apporte en triomphe, au milieu de notre repas, deux bouteilles d'excellent bordeaux dont il a soulagé la table des officiers prussiens, et, attention plus précieuse encore, une bougie qu'on admet de suite aux honneurs de la séance. Le repas est frugal, et, dès qu'il a pris fin, chacun de nous cherche dans le sommeil quelques heures d'un repos nécessaire.

Le lendemain, 11 août, nous dirigeons nos pas du coté d'Elsasshausen, petit hameau compris dans le périmètre de la bataille et où, nous disent les chirurgiens prussiens, il y a encombrement de blessés. La distance depuis Frœschwiller est d'environ deux kilomètres; la route qui nous y conduit serpente sur les sommets, bordée de chaque côté de champs labourés; les sommets se terminent par un plateau assez vaste, présentant de légères ondulations derrière lesquelles ont pu se masquer les batteries françaises; d'après les indications que nous recueillons, c'est de là que sont partis les deux régiments de cuirassiers qui reçurent l'ordre de charger sur Morsbronn, distant de trois kilomètres au plus. Les champs sont encore jonchés de débris de toutes sortes, de vêtements abandonnés, de chevaux morts, de casques, de fusils français et prussiens ; la lutte a été acharnée ; le terrain est semé d'éclats d'obus ; on dirait que la mitraille s'est abattue comme la grêle sur ce sol piétiné et ensanglanté, et ce n'est que sur les hauteurs de Saint-Privat (bataille de Gravelotte) que nous en retrouverons une pareille profusion. Dans les champs, de larges ornières indiquent la route qu'a suivie notre artillerie pour installer ses batteries sur les points culminants. A chaque pas nous trouvons des obus abandonnés ; les uns, isolés et à moitié incrustés dans le sol, sont des projectiles · prussiens qui n'ont point éclaté en tombant[1], d'autres, par groupes de quatre ou cinq, sont des obus abandonnés par nos artilleurs dans leur retraite précipitée. Les paquets de cartouches se comptent par milliers.

---

1. Nous avons pu constater fréquemment qu'un grand nombre de projectiles prussiens n'avaient point éclaté. Il faut attribuer vraisemblablement ce fait a la disposition de leur fusée percutante ; cette pièce, qui se visse à l'extrémité conique de l'obus, se compose d'un marteau mobile, d'une aiguille et d'une capsule chargée de fulminate ; pour que le marteau chasse l'aiguille sur le fulminate de manière à en déterminer l'explosion, il faut que le cône du projectile frappe l'obstacle ; si ce sont les parties latérales du projectile

A mesure que nous approchons d'Elsasshausen, la route se borde de buissons ; chacun d'eux a été témoin d'une lutte corps à corps et en conserve, comme témoignage, quelque arme abandonnée ou quelque vêtement souillé ; quant aux morts, on les a déjà ensevelis ; il ne reste plus que les cadavres de chevaux, hideux à voir dans la campagne, gonflés et présentant des formes étranges, la peau tendue et comme prête à éclater, l'intestin chassé hors du corps par la fermentation intérieure ; il suffirait d'un coup de baïonnette pour ouvrir un bruyant passage aux gaz comprimés dans cette vessie à quatre pattes. Ce sont les paysans des localités voisines qui les enfouissent ; ils creusent près de la bête, lorsqu'elle est tombée dans un champ, un vaste trou, jamais assez profond, car on voit souvent le ventre de la bête enfouie affleurer et les pattes sortir du sol. Si la bête est tombée morte sur une route, il faut la traîner jusqu'à la fosse qu'on creuse dans le terrain meuble le plus rapproché. Nous passons à cent

qui rencontrent l'obstacle, le marteau n'est qu'imparfaitement chassé dans la direction de l'aiguille et ne lui communique pas l'impulsion suffisante pour déterminer l'explosion du fulminate qui doit enflammer la poudre dans le projectile ; — l'étude comparative des divers systèmes de projectiles imaginés dans les derniers mois n'entrant point dans le plan de ce simple récit, je me borne à donner au lecteur cette courte explication qu'il pourra compléter à l'aide des ouvrages spéciaux traitant de cette matière.

mètres d'un sentier dans lequel des paysans traînent péniblement le cadavre d'un cheval ; une risée de vent caresse le plateau et nous apporte les exhalaisons infectes de ce corps mis en mouvement ; elles sont si fortes qu'on les sent arriver par intervalles, parfaitement distinctes de ces bouffées régulières qu'exhale tout le sol du champ de bataille.

Quelque pénible et dangereux qu'il soit de respirer cet air nauséabond, il faut cependant constater que tout a concouru, depuis le combat, à rendre ce péril moins grave : une pluie abondante n'a pas cessé de tomber, de laver les cadavres et d'entraîner dans le sol une masse de molécules en décomposition ; les nuits ont été fraîches et le soleil, caché par les nuages, n'a pu activer la putréfaction. C'est même à ces circonstances exceptionnelles qu'on a dû le salut d'un grand nombre de blessés. Tous, en effet, n'ont pas eu dans leur malheur la chance de tomber dans un champ de lin, dans une houblonnière, ou de pouvoir se traîner jusqu'au plus prochain bouquet de bois, et le plus grand nombre a été frappé dans les terrains découverts ; s'ils fussent restés étendus sur un sol desséché, exposés aux rayons du soleil d'août, envahis par la pourriture et la vermine, beaucoup de ceux qu'on a pu relever encore le second et le troisième jour eussent expiré dans d'horribles souffrances. Combien nous ont ainsi raconté leurs misères, en bénissant la pluie bienfaisante qui a rafraîchi leurs plaies et étanché cette soif brûlante, propre à la fièvre provenant des blessures faites par les armes à feu !

S'imagine-t-on bien les angoisses du blessé ? Assourdi par l'infernal ouragan durant lequel il a roulé sur le sol, il se blottit dans un sillon, car la mitraille pleut tout autour de lui ; le roulement du canon s'éloigne, la fusillade cesse ; il cherche à se lever pour gagner le taillis voisin ; mais sa jambe est brisée ; il se résigne, déboucle son sac, s'en fait un oreiller, étend sur ses membres sa couverture, et il attend. Tous les bruits s'éteignent ; le soleil disparaît, la ligne bleue des coteaux de la Forêt-Noire s'efface ; la nuit envahit la campagne ; plus de doute, il est oublié ! Mais quelles sont là-bas, à la lisière des bois, ces ombres inquiètes qu'il voit sourdre sans bruit ? Combien sont-ils, ces êtres qui se parlent bas ? Le taillis en vomit sans cesse de nouveaux ; vers lui une de ces ombres s'avance ; l'épouvante l'envahit, il se tait et ferme les yeux. L'ombre approche, elle est là, elle se penche sur lui ; il sent que la mort l'effleure. Des attouchements étranges le glacent de terreur ; l'ombre tâte ses doigts, n'y trouve rien et laisse retomber la main ; elle retire brusquement le sac de dessous sa tête qui frappe le sol et, de ses yeux entr'ouverts, il voit briller l'acier qui tranche le sac et qui tranchera sa poitrine, s'il bouge. L'ombre s'éloigne enfin, fouillant les sillons ; le blessé respire ; il tient plus que jamais à la vie ; que lui importe de perdre un membre ? ce qu'il faut, c'est vivre ; voici le jour d'ailleurs, on

va venir... Hélas! la journée s'écoule, lente, pluvieuse ;
ses camarades ont cessé de gémir ; la seconde nuit se
prépare. Alors le désespoir le prend ; il pleure, il prie,
il blasphème ; il tente un effort suprême pour se lever,
une douleur aiguë le cloue sur le sol ; dans son délire,
il appelle, il sanglote ; son œil hagard fouille obstiné-
ment cette solitude implacable ; sa tête est en feu... A
boire, à boire! s'écrie-t-il. Le ciel prend enfin pitié de
lui, il perd connaissance, la vie se retire insensiblement
de ce corps où l'âme sommeille ; encore quelques heures
et tout sera fini! Quelquefois le hasard conduit auprès
du mourant les chercheurs infatigables et, le quatrième
jour après la bataille, des sommets boisés de Morsbronn, deux de nos compagnons ont rapporté, vivant
encore, sauvé peut-être, un de ces malheureux dont la
raison, ébranlée par cette agonie, resta égarée pendant
bien des jours. Quelquefois aussi les bras manquent,
le vaste champ n'est pas partout exploré et le blessé
meurt abandonné.

Nous arrivons à Elsasshausen, hameau dont il ne
reste plus que des ruines et qui, cependant, donne
asile, sous des toits à moitié effondrés, sous des hangars
improvisés et couverts avec du branchage, à quatre ou
cinq cents blessés des deux armées. Douze chirurgiens
prussiens et deux chirurgiens français ont peine à suffire à la tâche.

Au rez-de-chaussée d'une maison moins maltraitée
que les autres, dans une petite pièce reluisante de pro-

preté, nous admirons la pharmacie installée par les
chirurgiens allemands ; les étagères couvrent les murs
et sont chargées de bocaux soigneusement étiquetés ;
tout y est dans un ordre admirable, et bien des villes
populeuses n'ont point de pharmacie aussi complète.
Un jeune major y trône en maître et distribue leste-
ment et sans gaspillage les médicaments qu'on vient
chercher de tous les points du village. Une seule voiture
d'ambulance, dont les parois se démontent ingénieuse-
ment et s'ajustent en un clin d'œil dans le premier
local venu, a suffi pour le transport et l'installation
de tout ce matériel. C'est simple, pratique, et l'on sent
quelle place importante a prise dans les préoccupations
de nos ennemis l'organisation de leurs ambulances.
Tout y abonde, jusqu'au superflu, et c'est à cette riche
abondance que nos blessés doivent en majeure partie
les secours qui leur sont donnés. Quel douloureux
contraste ! Nos chirurgiens français n'ont même pas le
nécessaire ; faut-il l'attribuer à l'insuffisance des préparatifs ou à la confusion qu'entraîne une déroute ? Il
ne nous appartient pas de nous prononcer ; mais nous
constatons encore une fois avec amertume que, partout,
nos blessés vivent des largesses de l'ennemi.

Dans la grange où nous pénétrons, les deux chirurgiens français ont entre les mains un petit artilleur,
noir de teint, sec de corps, à l'œil vif et clair. Un obus,
après avoir traversé le corps du servant, son voisin,
lui a enlevé le fondement qui ne tient plus que par

6

quelques lambeaux de chair; la surface de la plaie
est au moins d'un pied carré; dans sa profondeur on
aperçoit l'intestin; c'est une des plus épouvantables
blessures dont j'aie conservé le souvenir. Notre homme
ne paraît pourtant pas abattu; il est étendu sur le
ventre et, pour faciliter le pansement, il se soulève de
lui-même et se met sur les genoux, presque sans effort
et sans trahir aucune souffrance. On place un lit de
charpie sur cette surface sanglante et l'on rabat par-
dessus les lambeaux de chair qui sont maintenus par
un bandage. Il y a chez ce blessé une étonnante énergie; son geste, son regard, tout en lui la trahit; la
volonté prime la souffrance et le rend pour ainsi dire
insensible; dans ce corps frêle il y a un vrai cœur de
soldat, et nous nous éloignons de ce brave avec une
compassion profonde, car il y a peu d'espoir de le
sauver.

Le docteur extrait un éclat d'obus de la hanche d'un
Prussien; la journée s'achève en pansements, et nous
reprenons la route de Frœschwiller en traversant une
seconde fois ce plateau ensemencé de mitraille. Au
sortir d'Elsasshausen, nos yeux sont attirés par un
amas sordide de corps et de guenilles. Ce sont quinze
maraudeurs, hommes et femmes, dont les balles prussiennes ont fait justice, la veille, et qu'ils laissent là sans
doute, pendant vingt-quatre heures, pour servir
d'exemple. J'avoue que, si j'éprouve quelque horreur
à ce spectacle, il ne s'y mêle aucune compassion, et j'ai

pour ces écumeurs infâmes une haine que l'anecdote suivante fera certainement partager à ceux qui la liront.

Dans la nuit qui suivit la bataille de Solferino, un capitaine d'infanterie, laissé pour mort, ranimé par une impression de fraîcheur, revint à lui. Une main avait déboutonné sa tunique, écarté ses vêtements, et le capitaine, convaincu que des soins amis viennent le rendre à la vie, demande d'une voix faible et suppliante : De l'eau! de l'eau! Il ouvre les yeux avec peine en articulant cette prière et son regard rencontre celui d'une femme penchée sur lui; épuisé par cet effort, le capitaine laisse retomber sa tête, attendant le secours; soudain il reçoit sur les yeux deux coups violents suivis d'une douleur aiguë. La misérable créature, pour qu'il ne pût jamais la reconnaître, lui avait crevé les deux yeux à coups de couteau. Le capitaine fut sauvé néanmoins; il vit encore pour témoigner de son infortune et, si vous la lui entendiez raconter, au frisson d'horreur succéderait en vous un frisson d'impitoyable haine pour le maraudeur.

Dans la soirée, au moment où nous allions nous endormir, on frappa discrètement à notre porte : c'était notre zouave cuisinier. Ce brave garçon, auquel j'avais donné une de mes chemises, m'ayant vu trempé par la pluie au retour d'Elsasshausen, m'apportait en échange un manteau de turco, tout neuf, en fort belle étoffe, qu'il avait été ramasser sur le champ de bataille. Il nous munit ainsi, les uns après les autres, de guêtres, de manteaux, de cravates, que nous ne nous fîmes aucun scrupule d'accepter, car il y en avait par milliers sur tous les points du champ de bataille, objets méprisés par les ennemis qui ne ramassent que les armes, méprisés même par les maraudeurs qui les considèrent comme encombrants et d'une défaite difficile.

Le lendemain, 12 août, après une visite matinale aux blessés d'Elsasshausen, nous finissons la journée à Frœschwiller. Les blessés sont en grande partie évacués sur Soultz et Haguenau ; les chars de paysans affluent encore ; chacun de ces braves gens veut avoir son blessé chez lui ; peut-être quelques-uns ont-ils fait mentalement le calcul que le blessé protégera la chaumière ; mais il est plus doux de croire, et leur émotion est là pour en témoigner, qu'ils ont cédé à l'entraînement instinctif de la charité. La plupart, d'ailleurs, ont l'ordre de déposer les blessés à Soultz, et ils en manifestent le regret dans des termes qui ne laissent aucun doute sur le généreux mobile qui les a amenés à Frœschwiller. Nous chargeons sur leurs chars les blessés qui se trouvent encore dans les maisons les plus écartées, et l'évacuation se fait en bon ordre.

Il ne reste plus guère de blessés qu'au château et à la mairie ; c'est le contingent que conservera probablement Frœschwiller et auquel les secours organisés assurent des soins suffisants. Notre mission touche donc à sa fin, car le but que nous poursuivons et que nous ne pouvons pas perdre de vue n'est pas de soigner les blessés dans les hôpitaux ou dans les ambulances, mais avant tout de les relever sur le champ de bataille, ainsi que nous l'avons pratiqué au Bruckmull et à Gunstett; là où les soins hospitaliers sont régulièrement organisés, notre présence n'a plus de raison d'être, et notre devoir est de nous remettre en marche pour suivre les armées jusqu'au point où elles se heurteront de nouveau. Toutefois, avant de nous engager dans une marche en plein inconnu, mes compagnons comprennent qu'il faut faire un triage dans nos rangs et que ceux-là seuls peuvent affronter de nouvelles fatigues qui ont fait, dans ces huit derniers jours, l'épreuve de leurs forces et de leur vocation pour le métier d'infirmiers. Quelques-uns sont, d'ailleurs, poursuivis par de légitimes inquiétudes : Strasbourg est investi; l'Alsace entière est vraisemblablement occupée; leurs affections et des intérêts graves les convient au retour. Bref, chacun s'examine, et, soit fatigue physique, soit découragement, soit devoirs de famille, des raisons sérieuses s'élèvent, pour huit d'entre nous, de ne pas poursuivre la campagne. Pendant qu'ils font leurs apprêts de départ pour le lendemain, nous écrivons à ceux qui nous sont chers et dont la pensée anxieuse ne sait où nous chercher, et nous confions ces lettres à nos compagnons qui vont rentrer à Mulhouse par Haguenau. Ils l'espéraient ainsi, du moins, en nous laissant, mais ce n'est qu'après de dures et de longues difficultés qu'un petit nombre d'entre eux put regagner la haute Alsace par le duché de Bade ; les autres durent rester à Haguenau où ils eurent, pour compenser leur mécompte, la satisfaction de se placer sous la direction de M. le vicomte de Flavigny, qui utilisa leurs services dans les hôpitaux.

« Il y avait à peine huit jours que l'Alsace était occupée, et déjà il était facile de distinguer un changement sensible dans les procédés de l'autorité prussienne ; ce n'était plus l'urbanité des premiers jours, cette condescendance de vainqueurs qui cherchent à se faire pardonner leur victoire et qui sont encore dans la généreuse ivresse de leurs succès inespérés. Déjà les réquisitions avaient frappé tout le pays ; l'abattement général se compliquait pour tous d'un malaise matériel et pour quelques-uns de la ruine ; on cherchait non point à résister, mais à se soustraire, et nos ennemis, revenus de leur surprise et de leur modération peut-être calculée, pressés d'ailleurs par la nécessité de subsister en pays conquis, introduisaient la dure loi du vainqueur, ses défiances et ses rigueurs, là où le pays envahi n'avait encore rencontré qu'une séduisante clémence. A l'antagonisme généreux des premiers combats succédaient les sévices brutaux d'une guerre sans merci.

C'est sous cette impression que, dans la matinée du 13 août, nous fîmes nos préparatifs de départ. Chacun voulut parcourir une fois encore ce village dévasté et pour longtemps en deuil. Nous prîmes congé de Mme de Durckheim et de M. de Flavigny, qui nous remit un ballot de linge, de sirops et de médicaments; puis, après avoir serré la main de notre hôte, que rien ne pouvait tirer de sa sombre tristesse, nous dîmes adieu, pour toujours peut-être, à ces lieux désolés. — Non, point pour toujours, mon cœur me le dit et je sens qu'une force secrète m'entraînera, en un jour de pieux pèlerinage, vers ce vallon de Wœrth et ces sommets de Frœschwiller, héroïque ossuaire où dorment, pêle-mêle, les enfants d'Arminius et de Vercingétorix.

VI

BITCHE — SAVERNE

Autant qu'on en pouvait juger par le défilé de l'invasion, une partie de l'armée du prince royal se dirigeait sur Nancy, par Saverne et Phalsbourg; l'autre, par Niederbronn et Bitche, cherchait à tendre la|main au prince Frédéric-Charles, qui avait écrasé à Forbach les divisions du général Frossard.

Quant au corps d'armée du général de Failly, il s'était trouvé échelonné, à la date du 5 août, entre l'armée du maréchal Mac-Mahon et celle du général Frossard, également à portée de soutenir l'une et l'autre par une marche rapide; mais, resté inutile dans la double journée du 6 août par l'impéritie de son général, il s'était évanoui devant le flot de l'invasion allemande; et les deux princes marchaient en bon ordre, l'un sur Nancy, l'autre sur Metz où se massait l'armée du maréchal Bazaine. Cette armée était redoutable; elle comprenait les corps de Canrobert et de Ladmirault ; aussi le prince royal, n'ayant plus devant lui que les soldats de Frœschwiller en pleine déroute, parfaitement renseigné d'autre part sur l'inanité de notre septième corps cantonné à Belfort sous les ordres du général Douay [1], avait-il pu détacher sur sa droite un corps bavarois pour soutenir le prince Frédéric-Charles dans sa marche sur Metz. Le bruit public annonçait un engagement grave sous les murs de Bitche, dans la direction suivie par les divisions bavaroises ; nous prîmes donc le parti de nous en rapprocher sans retard, en passant par Reischoffen, Niederbronn et les forêts de Philipsbourg et de Waldeck.

La route que nous suivions au sortir de Frœschwiller était encombrée de débris ; on aurait dit, et c'est bien là ce qui résulte des renseignements que nous avons recueillis de la bouche de plusieurs blessés, que nos soldats, affolés de rage et refusant d'entendre le signal de la retraite, avaient été cernés dans Frœschwiller et obligés de se faire jour à la baïonnette pour sortir de ce cercle de fer et de flamme ; il est, dans tous les cas, indiscutable qu'on s'est battu corps à

---

1. Le septième corps n'a jamais été entièrement organisé ; c'est lui dont il est question dans le télégramme suivant :

Général Michel à Guerre, Paris.

Belfort, le 21 juillet 1870, 7 h. 30 du matin.

Suis arrivé à Belfort ; pas trouvé ma brigade, pas trouvé général de division. Que dois-je faire ? Sais pas où sont mes régiments.

corps dans le village; les maisons pillées, les jardins piétinés, les cadavres convulsés, les armes tordues, les vêtements lacérés, en sont autant de témoignages.

Dans les deux larges fossés, à moitié remplis d'une eau jaunâtre, qui bordent la route de Frœschwiller à Reischoffen, croupissent encore des cadavres de chevaux, des fourgons, des caissons français, que nos soldats ont renversés sans doute en travers de la route pour ralentir la poursuite des ennemis, et que ceux-ci ont jetés dans les fossés pour rétablir le passage. La route est coupée dans sa largeur, tantôt à droite, tantôt à gauche, par de profondes tranchées; c'est la pioche de nos soldats du génie qui les a creusées pour arrêter l'artillerie prussienne. Ces tranchées ont rendu la route impraticable, et, bien que l'armée ennemie les ait en grande partie comblées le lendemain de la bataille, elles forment encore des ornières et des cloaques où notre véhicule menace de se disloquer.

A mesure que nous approchons de Reischoffen, les vestiges de la lutte deviennent plus rares et cessent complétement à l'entrée du village. C'est là, en effet, au déclin du jour, que furent tirés nos derniers coups de canon et que la nuit arrêta la poursuite; c'est de là sans doute que le grand vaincu adressa à ceux qui l'avaient sacrifié cette simple et sublime dépêche : « J'ai perdu la bataille... » Peut-être y trouverait-on la raison pour laquelle la bataille reçut dans le public le nom de Reischoffen; c'est dans tous les cas une erreur, car la lutte s'est arrêtée à Reischoffen ; Frœsch-willer et Wœrth sont les deux centres de l'action et l'histoire devra choisir entre ces deux noms. L'Alle-magne a déjà adopté celui de Wœrth, point central de l'attaque, arrosé du sang de ses enfants ; nos soldats français adoptent plus volontiers celui de Frœschwiller, qui appartient aux positions qu'ils ont illustrées par leur résistance acharnée.

Certes, c'est une défaite, plus grande encore peut-être par l'impression morale qu'elle fit sur les vain-queurs et les vaincus que par ses conséquences straté-giques. Mais, pour ceux qui, comme nous, ont vu les points de défense choisis par le général et les témoi-gnages sanglants de l'héroïsme avec lequel nos soldats les ont disputés pied à pied, pendant toute une journée, en face d'un ennemi et d'une artillerie triples jusqu'à trois heures, quadruples à quatre heures du soir ; pour ceux qui ont observé et analysé la position des cada-vres, leur nombre effrayant en certains points, il est impossible d'imaginer un plus ferme général et de plus intrépides soldats. Ne cherchons point dans la straté-gie du général ou dans la valeur de son armée les causes de la défaite de Frœschwiller ; elles sont d'un tout autre ordre et, pour les analyser, il faudrait reprendre l'histoire de notre pays, de son armée, de son économie intérieure, de sa diplomatie, dans les dix dernières années. C'est un travail douloureux qu n'entre pas dans le cadre de cette courte notice et qui implique des matériaux et une autorité morale que je n'ai point. Mais, je le dis dans la sincérité de ma conviction, les soldats de Frœschwiller et leur général sont de grandes victimes, abattues les premières pour l'expiation des fautes nationales; ils sont tombés vaillamment, sans souci de leur nombre, sans terreur de la mort, croyant encore que la bravoure et l'héroïsme du champ de bataille sont comme autrefois les éléments de la victoire; ils sont tombés, trahis par l'aveuglement de ce pouvoir imbécile qui les déclarait invincibles devant la représentation nationale, trahis par nous dont la crédulité acclamait leur départ et les couronnait de fleurs, trahis par eux-mêmes, qui croyaient racheter leur relâchement et leurs vices par le sacrifice de leur vie; car, dans ce long enfantement de notre malheur national, chacun pourra revendiquer sa part de paternité. Ils sont tombés enfin, mais ils n'ont pas capitulé!

Nous dépassons Reischoffen et nous arrivons à Niederbronn, que les Prussiens avaient envahi et occupé dès le lendemain de Frœschwiller.

Mon premier soin fut d'aller voir M. de T***, l'éminent directeur de la fonderie de MM. de Dietrich et Cie. Il me dépeignit en termes émouvants la désastreuse situation de Niederbronn. Épuisée, dès le début de la guerre, par le passage de l'armée française que l'intendance ne parvenait point à nourrir, la localité était affamée aujourd'hui par les réquisitions des

troupes allemandes ; les maisons étaient encombrées
de blessés des deux nations, les rues envahies par les
régiments en marche, les places publiques transfor-
mées en vastes campements ; le linge et les chemises
manquaient absolument pour les blessés ; les boulangers n’avaient plus de farine que pour une consomma-
tion de quarante-huit heures ; la consternation était
générale. Si ce n’était entrer dans le domaine des confidences intimes, que je ne suis point autorisé à reproduire, que d’observations pénétrantes je pourrais
transcrire qui me furent alors exprimées avec cette
émouvante amertume que pouvaient seuls inspirer le
spectacle palpitant de nos souffrances et les blessures de
l’honneur national ! Toutefois ce que je puis dire, tout
en restant fidèle à la double loi que je me suis faite
d’éviter toute personnalité, mais de ne point atténuer
nos misères d’alors, c’est que, dans ces jours anxieux
qui précédèrent le choc de Frœschwiller, notre armée
était dénuée de cartes du pays ; l’état-major en était
réduit à les emprunter aux maires des communes qu’on
traversait, à se renseigner par ouï-dire sur les voies
et moyens de circulation et, parmi nos officiers, il s’en
trouva qui crurent que Wissembourg était en Bavière !

A l’heure où j’écris ce récit, la lumière se fait sur
les causes immédiates de nos désastres, et chacun peut
lire cette série de dépêches envoyées au département
de la guerre par les chefs de corps dans les quinze
jours qui suivirent la déclaration de guerre. Quoique

n'ayant plus d'illusions sur les conditions dans lesquelles l'Empire en assuma la responsabilité, on n'en est pas moins saisi d'étonnement et d'effroi à la lecture des télégrammes qui nous sont aujourd'hui connus[1].

Au moment où nous traversions Frœschwiller et Niederbronn, ces effrayants aveux étaient encore ignorés, et cependant le malheur était dans l'air, on avait l'intuition de la vérité, et chaque confidence échangée sur cette route ravagée nous arrachait un lambeau de l'espérance chère à nos cœurs.

A ceux dont le champ n'a jamais été sillonné par les canons; à ceux qui n'ont jamais entendu leur porte gémir ébranlée par les coups de crosse, qui n'ont pas dû livrer, sous une menace sauvage, leur maison, leur vache, leur pain; à ceux qui n'ont jamais été requis par une loi cruelle de prêter leurs bras à l'ennemi et de traîner sur nos routes sa poudre et sa mitraille; à

1. Je transcris textuellement :

Général commandant le 2e corps à Guerre, Paris.

Saint-Avold, le 21 juillet 1870, 8 h. 55 du matin.

Le dépôt envoie énormes paquets de cartes inutiles pour le moment; n'avons pas une carte de la frontière de France; serait préférable d'envoyer en plus grand nombre ce qui serait utile et dont nous manquons complétement.

Vice-amiral commandant en chef à Marine, Paris.

Brest, le 27 juillet 1870, 1 h. 55 du soir.

La majorité de Brest est dépourvue des cartes mer du Nord et Baltique. Il en faudrait onze séries à l'escadre actuelle.

ceux qui, pour tout dire, n'ont pas vu et subi l'invasion, il est difficile de faire de tant de souffrances un
tableau qui ne leur paraisse empreint d'exagération, et
cependant la réalité, la voici : on vous prend tout ! jusqu'au morceau de pain qu'on remplace, avec une apparence de légalité, par un récépissé dérisoire ; quant
à votre maison, elle abritera l'ennemi ; votre cheval et
votre char le porteront lui et les armes qui doivent
tuer vos enfants. Vous ! vous conduirez le convoi à
pied, sous le soleil ou dans la boue, marchant, nuit et
jour, pendant des semaines ; puis, s'il vous reste un
souffle de vie, vous travaillerez à la redoute d'où le
canon Krupp fauchera dans les rangs français.

Quelque juste que soit, à l'heure présente, notre
indignation nationale, je chasse loin de moi la pensée de
rendre tout un peuple responsable des systèmes de ses
gouvernants ; esclave d'une discipline qui fait en ce
moment le principal élément de sa force, il exécute
d'implacables consignes avec une froideur apparente
qui nous indigne à bon droit et suffirait à justifier de
cruelles représailles ; mais, en dehors de cette discipline brutale, livré à ses propres et libres inspirations,
il rend à l'humanité tous ses droits, et je n'en veux
pour preuve que les soins attentifs et dévoués dont
nos blessés ont été l'objet dans toutes les ambulances
prussiennes. Dans ce conflit de passions nationales,
où la haine ne trouve que trop de ferments, c'est un
devoir d'honneur que de signaler au pays tout ce qui

peut l'atténuer et préparer pour l'avenir un apaisement nécessaire à l'humanité. L'heure viendra, j'en ai la ferme espérance, où, responsables de leurs actes et débarrassés des tutelles sanglantes, les peuples libres voudront et sauront résoudre par des conventions pacifiques les questions internationales, dont la solution appartient en ce moment au canon.

Après avoir visité les ambulances de Niederbronn, où la charité privée épuisait ses dernières ressources, nous tenons conseil sur la direction à suivre; les bruits que chacun de nous a recueillis confirment qu'un grand engagement a eu lieu sous les murs de Bitche, soit que les Bavarois, qui se sont engagés sur cette route, fassent le siége de la forteresse, soit qu'un corps français se soit mis en travers de leur marche. Nous prenons donc congé de **M.** de Durckheim, dans la soirée, en lui promettant de solliciter pour Niederbronn, dans les communes que nous traverserons, des secours en farine et en linge.

A la sortie de Niederbronn, la sentinelle d'un poste prussien nous arrête. Le docteur entre en pourparlers avec un officier, qui semble inquiet et mal disposé pour nous. Il est assis à une table sur laquelle s'étalent une carte des départements de l'est, quelques chopes vides, un revolver, un encrier, des plumes et du papier, une longue pipe allemande, en un mot, tout ce qui est indispensable à un vrai Bavarois pour écrire à son aise Dès les premières paroles du docteur, qui

s’exprime en allemand, l’officier le regarde attentive-
ment. « Nous sommes infirmiers français, lui dit le
docteur, nous venons de Mulhouse et nous allons à
Bitche ; moi, je suis Bavarois... » A ces mots le visage
de l’officier s’épanouit, à l’accent, il reconnaît un com-
patriote ; on s’interroge, on se nomme, on a des connaissances communes, on se serre la main, on s’em-
brasserait volontiers, car, bien que français de cœur,
le docteur n’a point oublié sa première patrie, et nous
profitons de cette rencontre heureuse pour faire viser
et reviser le laissez-passer du général baron La Roche.

La distance qui sépare Bitche de Niederbronn est
d’environ trente kilomètres. Rien ne saurait rendre la
morne tristesse du paysage ; sur cette route accidentée,
uniformément bordée par les fourrés épais des bois de
Waldeck et de Philipsbourg, nous ne rencontrâmes
pas un être humain. Le silence n’était troublé que par
le grincement des roues de notre voiture sur le gravier
fin de la route ; de temps en temps un geai, se profi-
lant sur le ciel gris, traversait, d’un vol décousu, l’espace, d’un bois à l’autre, en nous jetant sa note criarde,
ou bien quelque merle invisible s’envolait à notre
approche d’un buisson de sorbier, trahissant sa fuite
par son chant éclatant ; parfois, sur un coteau ou dans
quelque humide vallon, une maison déserte et close,
par son silence même, exprimait son abandon.

Bien que nous fussions partis de Niederbronn à
deux heures du soir, le jour tombait rapidement, et,

rien n'indiquait encore le terme de notre étape; nous arrivâmes enfin sur un sommet où la ceinture des bois s'élargissait et, aux dernières clartés du crépuscule, nous aperçûmes, dans le lointain, quelques collines incertaines : c'était Bitche.

« Attention, fit notre fourrier Sch...; voici la nuit; les Bavarois sont sans doute autour de la forteresse, nous ne devons pas tarder à tomber dans leurs avant-postes; il est même surprenant que nous n'ayons pas déjà rencontré leurs vedettes. » Nous allumons les lanternes de la voiture et, par prudence, nous mettons les chevaux au pas.

Nous avancions ainsi depuis un quart d'heure et nous cherchions vainement, dans la nuit, quelqu'un de ces feux qui trahissent toujours au loin la présence d'un campement. « C'est peu rassurant, dis-je à Schuller, on n'entend et ne voit rien, et cependant nous devons être près de Bitche... » J'achevais à peine, lorsqu'une flamme sillonna l'obscurité, et le son du canon retentit dans le grand silence de la nuit. La voiture s'arrête, nous éteignons précipitamment les lanternes et nous nous consultons. Rétrograder est impossible; trois d'entre nous prennent le parti d'aller à la découverte. Nous nous engageons sur la route obscure, n'ayant pas même le clair d'étoiles pour guider nos pas, fouillant en vain, de nos yeux inquiets, le bord des routes et les buissons, qui prennent dans l'ombre les formes les plus étranges. Nous parcourons ainsi deux kilomètres sans apercevoir un être vivant; une voie ferrée se présente, les barrières du passage à niveau sont ouvertes, nous les franchissons et, guidés par une pâle lumière que nous voyons trembler sur une masse sombre, nous arrivons, sans avoir rencontré une seule sentinelle, devant un pont-levis incrusté dans une muraille basse; nous sommes à Bitche.

J'entends une voix sur le mur, j'appelle, je parlemente à travers un créneau; le chef de poste, qui sur nos explications flaire évidemment une prise, fait baisser le pont-levis devant nous.

C'était un vieux capitaine en rupture de retraite, qui, par patriotisme, s'était arrogé, en dehors de toute nomination officielle (nous ne l'avons su que plus tard), les fonctions de protecteur de la basse ville, allumeur et extincteur des feux, surveillant des ponts-levis et des mœurs, et surtout éventeur d'espions; ses cheveux gris et sa moustache, taillés en brosse, son parler bref et sec, son regard qu'il cherchait à rendre dur et profond, mais qui restait honnête et bon malgré lui, tout trahissait un de ces vieux braves, imbus de militarisme, incapables de discerner la lettre et l'esprit des consignes. Tel quel, je l'ai dépeint, il nous fit entrer au poste, où quelques douaniers hors d'âge écoutaient, bouche béante, le récit imagé que faisaient de leurs exploits trois ou quatre fuyards de Frœschwiller.

« D'où venez-vous? nous dit le capitaine.

— De Frœschwiller.

— Où allez-vous?

— Nous venions à Bitche, sur le bruit d'engagements militaires, car nous sommes infirmiers...

— Ah! ah! infirmiers! fit-il; alors vous avez des papiers?

— Oui, capitaine, voici nos feuilles de route et un laissez-passer prussien...

— Prussien!

— Oui, capitaine, prussien, badois et bavarois, lui répondis-je, pendant qu'il parcourait avec impatience nos feuilles de route, dont deux portaient des noms alsaciens. Elles sont en règle et nos compagnons...

— Vous avez donc des compagnons?

— Cinq, capitaine. »

Un sourire sceptique effleura ses lèvres.

« Allons, dit-il à un caporal, prenez quatre hommes et ramenez-moi ces gens-là, armes chargées ; la route n'est pas sûre, méfiez-vous, c'est votre affaire. Quant à vous, nous dit-il avec dignité, restez ici jusqu'à ce que je revienne. »

Il sortit, pensif, et nous restâmes seuls dans un cercle vigilant de douaniers.

Il s'y trouvait deux chasseurs de Vincennes et un chasseur d'Afrique, soldats du 6 août ; ils nous apprirent que les Bavarois avaient passé non loin du fort, qu'on avait échangé quelques coups de canon et qu'ils avaient tous défilé par les bois, pour éviter les feux du fort. Il y avait, disaient-ils, dans Bitche mille ou douze cents hommes de garnison, des vivres et des munitions pour six mois. Pendant qu'ils nous donnent ces renseignements, les douaniers nous examinent d'un œil défiant et s'interrogent vainement sur la signification du brassard à croix rouge.

A ce moment, la porte s'ouvre et donne passage au capitaine, suivi de mes compagnons encadrés entre les quatre hommes et leur caporal ; l'exhibition des papiers recommence et je crois voir passer une hésitation dans les yeux du capitaine qui les tourne, les retourne et finit par nous dire d'une voix brève et militaire : « Sac au dos, messieurs, chez le commandant ! »

Il était neuf heures du soir ; il tombait une pluie fine et serrée ; nous étions à jeun depuis le matin, rompus comme des gens qui ont fait les deux tiers de l'étape à pied ; la perspective de monter au fort n'était rien moins qu'attrayante. Aussi quelques murmures se firent entendre parmi mes compagnons et je dus leur rappeler que nous avions souscrit d'avance à toutes les contrariétés. Le capitaine prit la tête de la colonne, qui commença à gravir, par des raidillons en zigzag, la route qui conduit à la citadelle.

A mi-côte : — Halte ! — fit le capitaine ; nous n'avons pas de falot ; les sentinelles auraient déjà pu tirer sur nous. Patients, nous restons immobiles dans la boue.

Le caporal qui était allé chercher le falot du poste nous fait attendre vingt minutes et nous nous engageons, à son retour, dans des chemins de ronde, des allées plantées de grands arbres, sous lesquels des chevaux errent en liberté et viennent, le cou tendu, regarder de côté notre groupe insolite ; à force de monter de barrière en barrière, de sentinelle en sentinelle, nous arrivons enfin, après bien des arrêts, devant un pont-levis et nous nous asseyons sur nos sacs, pendant qu'un portier-consigne va réveiller le commandant, qui, habitué peut-être aux excès de zèle du capitaine, fait demander s'il y a urgence.

« Mille tonnerres ! rugit le capitaine, s'il y a urgence ! oui, urgence, cré nom ! très-urgence ! » et, pendant que le portier s'éloigne abasourdi, cet homme, convaincu qu'il veille au salut de l'État, se répand en imprécations énergiques contre l'esprit moderne.

Le commandant arrive : il nous demande courtoisement ce dont il s'agit, nous examine avec un regard calme et pénétrant, et parcourt avec attention nos feuilles de route ; nous lui expliquons brièvement notre mission et notre itinéraire. « Votre œuvre est belle, vous êtes libres, messieurs, » et se tournant vers le capitaine, confondu de tant de légèreté et de précipitation : « Capitaine, lui dit-il, vous auriez pu remettre la promenade à demain, on travaille ici tout le jour, le sommeil n'est pas de trop ; vous avez fait lever vingt hommes, ouvrir dix barrières, baisser les ponts-levis ; je vous serai obligé d'y songer la prochaine fois. Bonsoir, capitaine ! »

La leçon était bonne et méritée. Mais, généreux et

sans rancune pour le vieux brave qui la méditait l’oreille basse, nous redescendons à Bitche à minuit, en le consolant de notre mieux, et nous nous trouvons, en arrivant en ville, les meilleurs amis du monde ; pour sceller la réconciliation, il s’ingénie à nous trouver un gîte et, après avoir inutilement frappé à trois ou quatre portes, mourant de faim et de fatigue, nous trouvons enfin dans une modeste auberge la nourriture et le repos.

Déçus dans notre prévision d’être à Bitche de quelque utilité, privés de toute indication sur la succession des événements depuis la bataille de Frœschwiller, nous nous trouvions dans une extrême perplexité. Des rumeurs vagues circulaient à Bitche ; on disait qu’une bataille était engagée du côté de Saverne ; nous résolûmes donc de nous diriger sur ce point.

Le lendemain matin, 13 août, je profitai de l’heure qui nous séparait du départ pour rendre visite au maire de Bitche et le supplier d’envoyer quelques secours à Niederbronn. Quoique les ressources de la localité fussent très-restreintes, il voulut bien me promettre de faire une démarche auprès de ses administrés et je ne mets pas en doute que la charité privée des habitants ne se soit émue de la situation lamentable de Niederbronn.

L’heure du départ est venue, nous nous présentons à la porte de Bitche ; le pont-levis était baissé ; nous allions le franchir, lorsqu’une détonation se fait entendre à une faible distance, en dehors des murs ; la sentinelle crie : Aux armes ! et chacun se précipite dans le poste pour s'emparer d'un fusil ; quelques soldats sortent en courant, on entend une fusillade, et bientôt ils ramènent deux fourgons bavarois avec leurs conducteurs. Trompés, comme nous, par la rumeur publique, ces malheureux avaient cru retrouver leur régiment près de Bitche et, sans défiance, ils étaient arrivés sous les murs de la ville ; ce n'est qu'à cent mètres du pont-levis qu'ils se trouvèrent inopinément face à face avec une sentinelle française. Pris de frayeur, ils avaient fouetté leurs chevaux, dégainé leurs sabres et voulu rebrousser chemin. Mais l'un d'eux avait été blessé par la fusillade, un cheval frappé mortellement s'était abattu, et nos soldats ramenaient la prise consistant en deux fourgons d'avoine que, dès cette époque, nos propres approvisionnements ne permettaient pas de dédaigner.

Nous avons déjà vu tant de blessés que nos cœurs sembleraient devoir être moins sensibles à ces impressions, et pourtant celui-ci nous inspire une compassion profonde ; c'est un beau garçon, grand et fort ; l'anxiété se peint sur son visage contracté par la douleur ; comme son camarade, il craint d'être fusillé ; c'est ainsi que, au régiment, on leur a dépeint nos usages, et nous épuisons nos meilleurs sourires à leur faire comprendre qu'un prisonnier n'a rien à craindre et qu'un blessé devient un ami. Le malheureux a le bras droit brisé ;

on le porte au corps de garde, on l'étend sur le lit de camp et le docteur coupe avec précaution la manche de sa tunique jusqu'à l'épaule; la balle a fait d'affreux ravages; l'humérus est broyé à deux centimètres du col; la chair est arrachée comme eût pu le faire un éclat d'obus. Il faudra désarticuler l'épaule, et le cœur se serre à la pensée que ce corps, tout à l'heure plein de force et d'adresse, sera, dans quelques instants, affreusement mutilé. Le blessé ne profère pas une plainte, une seule préoccupation l'absorbe : la crainte d'être fusillé. On le place sur une civière pour le transporter à l'hôpital militaire, où les chirurgiens auront tout ce qui est nécessaire pour entreprendre cette scabreuse opération, et nous nous éloignons, douloureusement impressionnés par le sentiment que, avec un peu plus de sang-froid, nos soldats eussent évité cette inutile effusion de sang et n'en auraient pas moins fait prisonnier ce pauvre diable.

Bientôt Bitche va disparaître à nos yeux; nous etons un dernier regard sur cette citadelle de granit, roc invulnérable que le canon ne peut entamer et qui sèche ses flancs lavés par la pluie aux rayons du soleil reparu. Le tableau est plein de lumière et de perspective, et nous nous surprenons à oublier, dans une admiration pensive, les douleurs dont nous avons été témoins, le sombre avenir entrevu, les déboires de notre court séjour, la triste impression du départ et les privations que le sort réserve à cette petite ville assiégée.

A huit kilomètres de Bitche nous rentrons au milieu des Prussiens; le village de Lemberg est occupé par eux. Au centre du bourg quelques soldats, les manches retroussées jusqu'au coude, dépècent, en gens experts, un bœuf dont le sang rougit le ruisseau; des femmes et des enfants les entourent et jettent un regard de convoitise sur les belles tranches qu'on partage aux escouades. Ce bœuf est le dernier du village, tout le bétail a été requis et marche, en troupeau serré, sur la route de Saverne, à la suite des convois prussiens.

Nous dépassons Goetzenbruck, puis Meisenthal, gracieuse vallée verdoyante, qui semble faite pour une paix profonde et dont les flancs résonnent maintenant sous le roulement des canons. A notre gauche se profile sur l'horizon le fort de Lichtenberg, et nos yeux inquiets cherchent vainement, à l'aide d'une lunette d'approche, à voir si le drapeau qui flotte au sommet est encore le drapeau tricolore. Voici Winimenau, puis Ingwiller, inondé de soldats allemands. Il n'est pas une maison qui ne soit envahie; on dirait que ces gens-là sont chez eux; ce n'est point que nous assistions à des scènes de dévastation; nous avons, au contraire, constaté jusqu'ici une discipline inflexible à cet égard; mais leur attitude indifférente, la nonchalance avec laquelle ils mettent froidement la main sur toutes les ressources, sans admettre ni discussion ni résistance, dénotent des hommes positifs qui veulent simplement user des droits rigoureux de la guerre, et qui en usent; leur nombre est si grand que, chacun s'emparant d'une obole, ils font le vide après eux. Des villages entiers sont ainsi épuisés en quelques heures, et, le lendemain, le réquisitionnaire le plus habile n'y trouve plus que les reçus donnés à la commune, ou le papier-monnaie allemand, dont les habitants dépouillés ne peuvent tirer aucun parti. J'ignore si, depuis lors, ce système d'épuisement a continué à fonctionner, mais il était en pleine vigueur, lorsque nous traversâmes cette malheureuse contrée, écrasée par la force, consternée et surprise moins peut-être par sa ruine même que par les apparences légales données à ces extorsions.

Je demande une auberge où nous puissions trouver quelques aliments; l'habitant auquel je m'adresse m'indique, d'un air mystérieux, l'extrémité du bourg et s'excuse de ne point m'y conduire lui-même, service qui pourrait, dit-il, le compromettre. Cette crainte est exagérée, mais nous la retrouvons partout; c'est le règne de la terreur. En s'éloignant, il nous dit d'une voix profonde : « Lichtenberg est pris, il n'y avait pas cinquante hommes pour le défendre! » Hélas! il disait vrai; après quarante-huit heures de résistance, le fort s'était rendu, et l'aigle noir enregistrait la première de nos capitulations. Nous entrions ainsi dans cette succession de chutes dont chaque jour devait désormais nous apprendre un nouvel épisode. Nous apprîmes dans la même soirée que la citadelle de la Petite-Pierre, dont nous distinguions le massif depuis Ingwiller, venait aussi d'ouvrir ses portes.

La maison qu'on m'avait indiquée comme une auberge était une brasserie (bierbranerei) et regorgeait de soldats. Mais, Dieu merci, les braves gens qui servaient en pleurant nos vainqueurs, étaient de vrais Français; leurs fils étaient soldats; la mère nous le dit en sanglotant et, lorsque nous voulûmes payer le pain, les œufs et le jambon qu'elle nous avait servis en cachette dans une cour déserte, elle regarda avec émotion nos brassards, pensa sans doute à ses fils et nous dit : « Vous êtes Français, vous soignez les blessés, je ne veux rien!... » et, malgré toutes nos instances, il fut impossible de lui rien faire accepter. Lecteur, si jamais vous traversez Ingwiller, n'oubliez pas la brasserie Haag !

Dans la soirée, nous dépassons Soulzbach, Bouxwiller, Matmatt; nous croisons des détachements prussiens de toute arme, marchant avec ordre, la carte à la main, et nous arrivons à un point de bifurcation dont une branche se dirige sur Phalsbourg, par un raccourci dans la montagne, et l'autre sur Saverne dont douze ou quinze kilomètres nous séparent encore. Nous n'avions pu, depuis le matin, recueillir aucune indication sur l'engagement dont on s'entretenait à Bitche ; à mesure que nous avancions

vers Saverne, il devenait de plus en plus probléma-
tique, et le seul renseignement sérieux qui nous eût
été donné était que, depuis deux jours, on entendait
tonner les grosses pièces de Phalsbourg, investi par
un corps détaché de l'armée du prince royal. Tenant
pour certain qu'il n'y avait aucune action militaire
engagée devant Saverne, que le maréchal Mac-Mahon
n'avait pu rallier ses troupes en déroute, et que la
canonnade entendue était un des incidents de l'investissement de Phalsbourg, nous devions, pour être
fidèles à notre principe, suivre l'indication toujours
infaillible du canon. Aussi j'inclinais, pour ma part,
à nous enfoncer dans la montagne vers Phalsbourg; nous hésitions cependant, car, certains de ne
pouvoir pénétrer dans Phalsbourg, nous courions
le risque d'être internés dans quelque ambulance
prussienne; il était facile d'ailleurs, au combat qui
se livrait en nous, de discerner la fatigue morale produite par notre séjour dans les lignes ennemies, par le
spectacle inexprimable des misères du pays, par la
pensée de nos propres foyers envahis et ravagés. Toutefois la crainte de céder à ces sentiments personnels
dont, au départ, nous nous étions fait une loi de
repousser les suggestions, fit cesser nos hésitations et
nous prîmes le chemin de traverse qui méne à Phalsbourg. Nous marchions d'un pas rapide, car il
importait d'y arriver avant la nuit, pour éviter, si
nous tombions dans un camp bavarois, des désagré-

ments plus graves peut-être que ceux que nous avions éprouvés à Bitche.

Rien n'est plus mélancolique que l'entrée de cette échancrure des Vosges devant laquelle nous nous trouvions et qui s'ouvre sur les plaines de l'Alsace; la route serpente au fond d'un vallon encaissé; deux montagnes en pente abrupte, couverte d'une sombre végétation, interceptent les rayons du soleil, bien avant qu'il ne disparaisse sous l'horizon, dans la plaine. Dans quelques parties déboisées, denudées par l'action des eaux, le granit apparaît; dans le fond du vallon, sous des herbes marécageuses que le bétail dédaigne, s'écoule, avec un mouvement insensible, un ruisseau sans couleur; c'est le royaume de la tristesse; c'est aussi celui du silence, malgré la file noire de soldats prussiens derrière laquelle nous nous y engageons, et dont le défilé muet donne l'idée d'un défilé de fantômes. Déjà l'obscurité se fait et vient apporter son concours à la morne tristesse de la nature; elle remplit l'âme de malaise et y ramène les sombres pensées.

Plus nous avançons dans cette gorge, moins la route devient praticable; des paysans, que nous croisons, nous affirment qu'il n'y a pas de combats sous Phalsbourg; que, pour y arriver avant dix heures du soir, il faut suivre des raccourcis dans lesquels il serait imprudent de s'engager sans guide; que les routes sont défoncées par l'artillerie prussienne et que nous y briserons la voiture qui porte nos sacs et notre matériel; le plus prudent, à leur avis, est de revenir sur Saverne, où nous pourrons, demain matin, prendre la grande route qui mène à Phalsbourg. Nous revenons donc sur nos pas, chassés rapidement de cette gorge par l'ombre humide qui l'envahit, et nous débouchons dans la plaine à cette heure où, par un ciel gris, il est difficile de dire quand le crépuscule commence; l'obscurité nous surprend à l'entrée d'un village où nous nous décidons à passer la nuit.

Cette localité, ne se trouvant pas sur la route directe de Bitche à Saverne, n'avait point été, comme tant d'autres, dévastée par le passage des armées. Néanmoins les Prussiens, utilisant indistinctement toutes les routes, grâce à la concordance et à la stricte exactitude de tous leurs mouvements, le village avait été traversé à la hâte par quelques-uns de leurs bataillons, détachés à la poursuite des fuyards de Frœschwiller. Les habitants avaient eu plus d'effroi que de mal, et, si nous y retrouvions la même consternation que partout ailleurs, elle provenait bien plutôt du sentiment instinctif de nos désastres et du spectacle navrant de nos soldats en déroute; en déroute! aveu douloureux, mais qui n'implique point le déshonneur pour cette étincelante armée d'Afrique dont les débris allaient bientôt succomber sur de nouveaux champs de bataille.

Nous trouvâmes une simple et cordiale hospitalité chez quelques habitants du village qui, avides de détails sur les derniers événements, s'étaient empressés autour de nous. L'instituteur et l'institutrice logèrent quatre de nos compagnons ; trois autres s'installèrent dans l'auberge même ; le docteur et moi nous acceptâmes l'invitation du pasteur protestant, et chacun de nous, pour la première fois depuis le départ, put s'étendre dans un lit garni de linge frais, exhalant une bonne odeur de lavande et de violette. Ce détail avait pour nous cette saveur que la privation donne aux plus humbles commodités de la vie ; j'en appelle à tous ceux qui, chasseurs, soldats ou touristes, ont pu, après une campagne prolongée en pays perdu, étendre leur corps fatigué entre deux draps frais et blancs. La nuit était resplendissante, la voûte du ciel s'était épurée, les étoiles étincelaient à l'envi ; la lune, sur son déclin, déversait sur la terre endormie des lueurs douces comme des caresses. Le petit jardin du pasteur, nid d'arbres fruitiers et de fleurs, laissait monter vers nous des senteurs de sauge, de terre humide et de chèvrefeuille ; sur les murs blancs de l'église voisine des peupliers traçaient correctement leur ombre verticale ; comme en un rêve, aucun bruit, ni proche ni lointain : pas même le chant d'un grillon, pas même le souffle d'une brise. Accoudés sur la fenêtre, immobiles, nous laissions nos cœurs se bercer dans cette mystérieuse harmonie, jusqu'à y trouver l'oubli ou l'espérance.

« A quoi pensez-vous ? demandai-je brusquement au docteur.

— A ceux qui vont mourir demain, » me répondit-il, en se relevant comme s'il sortait d'un songe ; et nous nous couchâmes.

Le lendemain, 14 août, en entrant à Saverne, mon premier soin est de me rendre à la mairie et d'y solliciter des secours pour Niederbronn. J'ignorais, hélas ! en m'y présentant, la situation de cette malheureuse ville : il lui était impossible de distraire une obole de ses propres ressources ; les réquisitions de l'armée prussienne les avait épuisées, et, le cœur navré, je parcourus la liste officielle des exigences du vainqueur. Le secrétaire de la mairie voulut bien m'autoriser à prendre copie de ce document et j'en donne ici la teneur fidèle, non pas que sa rigueur ait été particulière à cette petite ville de cinq mille habitants, mais parce qu'il est, en quelque sorte, la première affirmation du caractère d'avide exploitation que nos ennemis ont, dès le début, imprimé à cette guerre impitoyable.

PREMIÈRE RÉQUISITION

20,000 kilos de pain ou une somme de 100,000 francs en écus.

DEUXIÈME RÉQUISITION

10,000 kilos de pain.
    60 bœufs de 250 kilos, tués.
8,000 kilos de riz.
1,250 kilos de café grillé.
  750 kilos de sel.

500 kilos de tabac, ou 180,000 cigares pour les soldats.

75,000 cigares fins pour les officiers.

15,000 litres de vin, savoir :

    10,000 litres pour les soldats.

    3,000 litres de vin supérieur rouge pour les officiers.

    2,000 litres de vin de Bourgogne.

200 bouteilles de champagne.

100 kilos de sucre pour les ambulances.

25 kilos de tablettes de bouillon ou d'extrait de viande.

Fourrages.

60,000 kilos d'avoine.

25,000 kilos de foin.

25,000 kilos de paille.

La commune doit mettre à la disposition de l'armée un magasin dans lequel les articles précédents seront mis.

La livraison commencera de suite, de sorte que la première moitié de la quantité prescrite soit livrée jusqu'à quatre heures de l'après-midi; la deuxième jusqu'à demain matin à six heures au plus tard.

Aussi des hommes nécessaires pour la distribution (vingt à peu près) et 4 bascules avec leurs poids doivent être sur place.

En même temps la commune soignera pour que cent voitures soient mises à la disposition des troupes pour emporter les articles de nourriture et de fourrage.

Dans le cas où la réquisition demandée ci-dessus ne serait pas exécutée, la valeur avec 25 pour 100 en plus sera imposée à payer au lieu des rations indiquées.

Au besoin la force militaire saura faire exécuter la commande.

L'Intendance militaire du 11ᵉ corps
de l'armée prussienne :

(*Signatures illisibles.*)

Saverne n'en fut pas quitte, d'ailleurs, à si bon marché ; de nouvelles exigences achevèrent d'écraser cette localité et, au moment même où je prenais conge du secrétaire de la mairie, un officier prussien, flanqué d'un jeune aumônier qui fouettait ses bottes molles avec une élégante cravache, tout en prêtant à son compagnon le secours de sa parole onctueuse, lui présentait une seconde liste de réquisition. Le soldat, au parler brutal, était dans son rôle, mais on eût volontiers jeté à la porte cet impertinent aumônier, moitié gandin, moitié jésuite, dont la présence, en pareille occasion, était une inconvenante ironie.

Je me suis plu à rendre témoignage aux facilités et à la bienveillance que nous avions rencontrées, pendant les premiers jours, chez les officiers prussiens, en raison du privilége de neutralité que nous conférait le brassard international. Mais nos impressions favorables du début sur le caractère général de la lutte commençaient à s'effacer pour faire place à une secrète irritation, qu'il fallait à tout prix dominer si nous voulions poursuivre utilement notre mission. Ce n'était point avec cette allure inquiète, inhérente à la souffrance que d'humbles infirmiers comme nous, pouvaient se frayer une route dans le dédale des corps d'armée prussiens, et je sentais avec inquiétude germer, dans le cœur de mes compagnons, cette indignation qui est la première forme que revêt le patriotisme avant d'arriver à la haine. Tel était le sentiment qui nous agitait en quittant cette malheureuse ville de Saverne, et c'est sous son empire que, changeant brusquement notre plan, nous prîmes la résolution de nous éloigner de Phalsbourg pour sortir des lignes prussiennes et rejoindre l'armée française, fallût-il même recourir à la ruse, si quelqu'un des détachements ennemis que nous allions rencontrer voulait y mettre obstacle.

Le gros de l'armée du prince royal avait trouvé, à sa grande surprise, la voie ferrée de Strasbourg à Paris en parfait état de conservation et le tunnel de Saverne absolument intact. Quelques travaux de mine avaient été commencés pour faire sauter ce souterrain et interrompre, au prix de quelques kilogrammes de poudre, une ligne dont l'importance était capitale pour l'approvisionnement de l'armée d'invasion. Par les services mêmes qu'elle rend aujourd'hui à l'armée de siége qui investit Paris, il est permis d'apprécier les difficultés sans nombre qu'eût entraînées pour nos ennemis la destruction complète d'un travail d'art tel que le tunnel de Saverne. Tels furent l'incurie et l'aveuglement de nos gouvernants, que l'armée prussienne, sans avoir à remplacer un rail ou un boulon, put franchir le rempart naturel des Vosges par la trouée de Saverne, et occuper, sans coup férir, Lunéville et Nancy. Le prince royal, trouvant toutes les voies libres, franchement ouvertes et conservées, avait détaché sur sa gauche quelques divisions ; l'infanterie se dirigeait par Wasselonne et Molsheim sur Strasbourg investi ; la cavalerie s'avançait, avec une audace que justifiait la première stupeur des habitants, sur Saint-Dié, Épinal et Mirecourt, sans autre mission apparente que d'étendre le cercle des réquisitions, travail devenu familier à MM. les uhlans.

Tandis que le prince royal inondait de ses régiments la Lorraine, le maréchal Mac-Mahon ralliait entre Chaumont et Châlons les débris épars de l'armée d'Afrique, pour en former le noyau de la nouvelle armée, que le général comte de Palikao improvisait en toute hâte avec les bataillons de réserve. Pour rejoindre les lignes françaises, dont nous séparaient tous les détachements de l'armée prussienne disséminés entre Saverne et Nancy, nous n'avions donc d'autre parti à prendre que de remonter les Vosges jusqu'à Schirmeck, de descendre de Schirmeck à Épinal, qui n'était point encore occupé, et de gagner Vesoul, où les voies ferrées encore libres nous conduiraient par Chaumont et Blesmes au camp de Châlons, où se concentrait certainement l'armée en formation.

Notre bonne fortune nous réservait d'exécuter de

point en point ce programme, et nous entamions, au sortir de Saverne, cette seconde étape, dont nos cœurs anxieux attendaient une compensation, la victoire et non plus la défaite. Hélas! elle devait nous conduire, à jour et à heure fixes, sur le champ de bataille de Gravelotte!

VII

DE WASSELONE A VERDU

Laissant derrière nous Saverne et Marmoutier, nous arrivâmes à Wasselonne à midi; la ville avait été traversée la veille par un détachement prussien, chargé vraisemblablement d'occuper, en passant par Mutzig, la manufacture d'armes à laquelle **MM.** Coulaux et Cie ont donné, dans les dernières années, un important développement. La grande route qui conduit à Schirmeck traversant Molsheim, nous jugeâmes prudent d'éviter cette localité et de prendre la route forestière qui conduit de Wasselonne à Schirmeck, à travers le bois d'Adenwald.

Dès la déclaration de guerre, le comité de secours de Wasselonne avait organisé des ambulances irréprochables à tous égards et pouvait y recevoir cent cinquante ou deux cents malades; le secrétaire du comité nous les fit obligeamment parcourir, et, pénétré du sentiment de cette solidarité que les malheurs de

notre pays rendaient encore plus vive, il nous fit la
promesse de diriger sur Niederbronn, le jour même,
quelques voitures de farine et du linge pour les blessés.

Après avoir dit adieu à cet homme de cœur, nous
songeons à prendre un léger repas avant de nous
remettre en route. A peine était-il commencé qu'une
voix s'élève derrière nous : » Messieurs, dit le nouvel
entrant, d'un accent net et sans façon, voulez-vous me
permettre de déjeuner avec vous? » L'incident paraissait vulgaire et, laissant à mes compagnons le soin de
trancher la question, je me demandais tout bas quel
était le fâcheux qui venait ainsi s'imposer à nous,
lorsque Sch... me fit un signe de tête qui équivalait
à me dire : au moins retournez-vous donc. Du reste
la voix reprenait : « Messieurs, je suis Edmond About,
vous me connaissez peut-être... » Il n'eut pas le
temps d'en dire davantage : chacun de nous avait dû
à ce maître dans l'art d'écrire bien des heures char-
mantes et nous entourâmes l'auteur de *Tolla* et de la
Grèce contemporaine avec un empressement qui ne lui
laissait aucun doute sur nos sentiments; il s'assit au
milieu de nous et, tout en nous prouvant par un appé-
tit agressif qu'il ne vivait pas seulement des choses de
l'esprit, il nous donna, avec cette verve et cette finesse
qu'il ne sait point épargner, la primeur de son odyssée,
depuis Forbach jusqu'à Saverne. M. About en ayant
depuis lors entretenu ses lecteurs, je m'abstiens d'en
faire entrer ici les détails. Les appréciations d'un

observateur sérieux et désintéressé, ayant eu sous les yeux d'autres lieux et d'autres hommes que ceux que nous venions de voir, avaient pour nous autant d'importance que d'attrait, et nous espérions entendre sortir de ses lèvres quelque consolante parole, quelque rassurant témoignage. Notre nouvel ami conservait, hélas! aussi peu d'illusions que nous-mêmes; ses impressions sur la lutte engagée concordaient absolument avec les nôtres et, si le public auquel il fit entrevoir, le premier, au début de la campagne, les écrasantes réalités de notre situation, accueillit avec défaveur ce patriotique cri d'alarme, c'est qu'il est dans la nature humaine de rejeter comme dissonante toute prédiction contraire à ses idolâtries ou à ses illusions; on voit en ceux qui la formulent des prophètes malencontreux, de douteux patriotes. Plût au ciel que, en cette circonstance, les événements ne se fussent pas chargés de la justifier!

M. About quittait Saverne en fugitif; notre situation était à peu près la même, il voulut bien partager notre fortune et, renforcée de ce précieux appoint, notre petite colonne s'engagea dans l'Adenwald.

Je laisse aux Guides du voyageur dans les Vosges le soin de peindre cette inépuisable succession de coteaux et de vallons ombragés par de hautes futaies, à travers lesquelles la route serpente. Depuis Saverne nous ne trouvions plus trace de la déroute et nous ne voyions plus reluire le casque prussien; aussi, dans ces

8

paysages agrestes, nos cœurs se sentaient-ils comme déchargés d'un fardeau et libres d'admirer. Ce fut une soirée pleine de charme ; les sentiers que nous parcourions étaient déserts, ce n'était plus le monde agité. Sur la route, éclatante de blancheur, le soleil dardait ses rayons, tandis que nous nous réfugiions sous les voûtes de verdure de la forêt pour y chercher l'ombre et la fraîcheur ; le sol était jonché de champignons de toute espèce, parmi lesquels **M. About** nous apprit à distinguer les espèces comestibles. De temps en temps, un oronge étalait sa rouge hémisphère sur la mousse humide et nous en fîmes une abondante récolte qui prit place dans les prévisions du souper. A notre droite s'élevait le Nideck et chaque pas en avant, pensions-nous, nous rapprochait de la région que n'avait point encore désolée l'invasion. Nous traversons Oberhaslach, Niederhaslach, Urmatt, Lutzelhausen, éparpillés au fond de cette industrieuse vallée qu'arrose la Bruche, et nous entrons dans Schirmeck, au soleil couchant.

« Nous voici donc enfin en terre libre, » s'écria Sch... en débouclant son sac dans la cour de la mairie, où nous étions venus en hâte pour avoir des nouvelles de France ! Elles étaient insignifiantes, hélas ! comme toutes celles qu'il plaisait alors à nos gouvernants de nous donner en pâture, et feignaient même d'ignorer la gravité des derniers événements ; aucun ordre, au surplus, n'était donné pour utiliser les moyens naturels de résistance que présentent les Vosges ; les mairies des communes s'interrogeaient avec anxiété, se demandant si les traditions de défense des cols légendaires étaient mortes, et si cette absence d'ordres n'était point un oubli ou une trahison ; quant aux populations, habituées à s'anéantir dans l'inspiration administrative, elles se trouvaient incapables de l'initiative qui aurait encore pu mettre à profit des heures précieuses.

Dans la salle de l'auberge où nous descendons, un groupe est assis à une table ; ce sont deux Anglais qu'entourent quelques curieux. L'aubergiste nous confie mystérieusement qu'ils viennent d'être arrêtés, puis relâchés après examen de leur passe-port. Leurs papiers sont, en effet, parfaitement en règle, revêtus du sceau de l'ambassade anglaise à Paris, et le calme parfait de ces deux gentlemens témoigne que, si leur conscience n'est pas tranquille, ils se savent du moins en pleine sécurité sous la protection de l'écusson britannique. Ils s'intitulent touristes, amateurs des sauvages beautés de la guerre, arrivent de Lunéville et veulent se rendre à Molsheim ; leurs réponses sont, sur bien des points, évasives, empreintes d'un intérêt pour nos armes trop vif pour être sincère, et nous ne doutons pas qu'ils ne portent de Lunéville à Molsheim l'assurance que la grande route à travers les Vosges, par Schirmeck, est libre. Nous insinuons au maire que, malgré l'apparente régularité de leurs passe-ports, l'état de siége suffirait à justifier qu'on leur interdît d'aller plus loin; mais c'est là une responsabilité qui n'est pas dans le caractère de ce magistrat et, le soir même, nos deux prétendus Anglais s'engagèrent paisiblement sur cette route que nous venions de parcourir.

Le lendemain matin, laissant sur notre droite la cime sévère du Donon et les sommets boisés du Grand-Brocart, nous dépassons Moussey, la Petite-Raon et nous arrivons à Senones. Là, comme partout dans les Vosges, les routes sont intactes, pas une tranchée n'est creusée, pas un arbre n'est abattu, et cependant il suffirait de quelques heures de travail pour les rendre impraticables au canon et à la cavalerie. Que de ressources naturelles perdues! que de bonnes volontés paralysées par l'inexplicable incurie du gouvernement! Le croirait-on? aux demandes réitérées des communes qui, indignées et frémissantes, supplient qu'on les autorise à détruire les routes, à y amonceler les troncs d'arbres, le télégraphe répond invariablement : Gardez-vous-en bien! A ce langage, on eût pu croire que les faits accomplis étaient renversés, que l'armée allemande était sous le coup d'un désastre et que la destruction de nos routes n'aurait d'autre effet que de protéger leur retraite. La pioche les respectait donc, ces belles routes granitiques, et les paysans de la montagne, éperdus, désarmés, ahuris par tant de démence, virent défiler, dans leur ordre invariable, les légions ennemies. Indignés nous aussi, nous supplions

les habitants qui nous entourent de mépriser ces
ordres avilissants et d'imiter leurs pères ; en termes
énergiques, M. About leur rappelle les vieilles gloires de
1814 et 1815 ; ils sont ébranlés, et l'un d'eux s'éloigne
pour faire publier par le tambour de la ville que les
hommes de bonne volonté aient à se réunir, dans deux
heures, sur la place publique, avec pelles, haches et
pioches, pour aller couper les routes aux points les
plus favorables. L'heure nous presse et nous abandonnons les braves patriotes de Senones à leur énergique
résolution. Puissent-ils ne pas avoir eu de défaillance !

En quelques heures, nous arrivons à Rambervillers ;
un incident, pénible ou risible, le lecteur en décidera,
nous y attendait. Les premiers habitants que Sch... et
moi nous rencontrons, nous prenant pour des francs-
tireurs, nous accueillent avec bienveillance. Mais,
lorsque nous leur expliquons la signification du brassard international et notre qualité d'infirmiers volontaires, un doute se peint sur leurs visages, la convention
de Genève est chose qu'ils ignorent ; ils s'écartent de
nous et sont remplacés par une population dont la
disposition malveillante est visible. Un agent de police
exige nos papiers ; nous lui montrons nos feuilles de
route en règle ; mais il lui faut celles de nos compagnons, il nous suit à l'auberge, traînant après lui une
bande de curieux irrités. Il entre, et nos amis exhibent
leur feuille de route. M. About n'en avait point ; mais,
pour l'honnête agent, il avait bien mieux que cela et,

avec une négligente simplicité, il lui montre à sa boutonnière la rosette d'officier de la Légion d'honneur. L'agent se trouble, s'incline, balbutie quelques excuses et s'enfuit sous les huées de la foule désappointée.

Tout n'était pas fini : à peine étions-nous à l'hôtel qu'un monsieur fort respectable se présente : « Excusez-moi, messieurs, nous dit-il, votre arrivée a produit dans la ville une certaine agitation ; je suis commissaire |de police, (sa main, soulevant avec intention son gilet, laissa voir un bout de l'écharpe),... et je dois à la population inquiète d'examiner vos papiers et ces insignes que vous portez. »

Explications et papiers, nous lui donnons le tout sans observation et, nous trouvant en règle, ce magistrat nous salue poliment et s'éloigne. Il fallait bien se rendre à l'évidence : tous ignoraient ce qu'était ce brassard et nous en éprouvions une inexprimable confusion.

Un dédommagement nous attendait, et, sur la gracieuse invitation qui nous en fut faite, nous achevâmes la soirée au Cercle, au milieu de jeunes gens confus de l'accueil qui nous avait été fait par quelques-uns de leurs concitoyens, émus des malheurs du pays, et frémissant d'un patriotisme frappé jusque-là d'impuissance ; ils sont aujourd'hui, j'en suis sûr, dans les rangs de ces francs-tireurs des Vosges dont les exploits franchissent le cercle qui nous étreint dans Paris et viennent retremper nos cœurs. A neuf heures du soir, nous prenons congé de ces amis de quelques instants et, après cinq heures de voyage, nous arrivons à Épinal au milieu de la nuit.

Un premier train devait partir à six heures du matin pour Vesoul; c'était, suivant toutes probabilités, le dernier convoi, car on signalait depuis la veille la présence des uhlans à Charmes; aussi, malgré la fatigue et un impérieux besoin de repos, nous résolûmes de ne pas perdre cette dernière occasion. Il fallut attendre longtemps à la gare : des soldats, des gardes forestiers, les gendarmes des communes voisines qui avaient reçu l'ordre de se replier avec armes et bagages, des habitants effrayés et des fonctionnaires fuyant devant l'invasion, composaient le train en partance. Le receveur général surveillait le départ de la caisse de l'État contenant trois ou quatre cent mille francs qui furent ainsi sauvés. Partout l'épouvante, la consternation, la panique. Ce fut ainsi jusqu'à Chaumont où le train arriva dans la soirée et où nous devions nous séparer de notre aimable compagnon de route, M. About. Les relations écloses dans ces adversités communes, où tout s'efface devant le sentiment des malheurs du pays, où chacun, grand ou petit esprit, se révèle et trahit son âme par des accents émus, naïfs, involontaires, ces relations ont un caractère de cordialité qui donne à leur souvenir un charme et un prix tout particuliers; aussi serrâmes-nous affectueusement la main du compagnon que notre bonne fortune avait mis sur notre route ; plus heureux que nous, chaque pas le rapprochait de son foyer et, dans sa préoccupation, perçait comme une vision de bonheur prochain, tandis que dans notre adieu il y avait, malgré nous, le pressentiment de nouvelles tristesses.

On nous apprit à Chaumont, sans pouvoir nous indiquer le point de concentration, que le maréchal Mac-Mahon reformait son armée du côté de Châlons ; poursuivant notre programme, nous partons, le soir même, par un train militaire, dans cette direction.

A mesure que nous avançons, la marche devient plus lente, plus incertaine ; les ordres et les contre-ordres se croisent ; des soldats de toute arme encombrent le train, et le bruit de leurs chants et de leur ivresse fait un douloureux contraste avec le silence et le regard morne de leurs officiers. A la station de Donjeux, au milieu de la nuit, le train reçoit l'ordre de s'arrêter. Dans le brouillard du matin nous voyons des soldats se précipiter au-devant d'un convoi : c'est le maréchal Mac-Mahon qui se dirige sur Chaumont, et ces soldats nouveaux qu'il va conduire à la bataille se pressent et se disputent pour mieux voir l'illustre vaincu de Frœschwiller.

Le village de Donjeux est envahi par un bataillon de turcos ; presque tous, en dépit de l'heure matinale, sont déjà pris de vin ; débraillés, titubants, ils flottent autour de la gare ; le clairon sonne le rappel, nous l'entendons, mais ils ne l'écoutent pas ; un quart du bataillon reste dans le village et regarde, en riant d'un rire stupide, s'éloigner, dans la direction de Chaumont, le train qui devrait les emporter et dans lequel ils ont laissé leurs armes et leurs sacs. Faudra-t-il donc assister éternellement à cette dégradation de notre malheureuse armée? les revers qu'elle vient de subir ne sont-ils point une leçon suffisante? est-ce donc dans un étourdissement avilissant qu'elle retrouvera l'énergie dont elle se croit encore maîtresse, malgré l'oubli de la discipline? Le cœur serré, nous nous éloignons de ce désolant spectacle et nous arrivons à Joinville, à midi

Au centre d'une prairie bordée de peupliers, des batteries d'artillerie lèvent leur camp et traversent le bourg dans l'ordre et le silence qui semblent être le point d'honneur de cette arme d'élite. Partout les travaux sont arrêtés, on s'interroge avec inquiétude, 'ennemi approche, le bruit court que ses avant-gardes sont déjà à Saint-Dizier et à Neuchâteau. Sur le seuil du principal hôtel de Joinville, sont groupés des officiers d'état-major; ils nous apprennent que le maréchal s'y arrête une heure pour dîner, nous leur parlons de Frœschwiller, et le maréchal, prévenu par eux qu'il y a dans l'hôtel des infirmiers venant de Wœrth, me fait appeler près de lui.

Entouré de ses aides de camp, il se prépare à prendre un repas frugal; ses cheveux blancs coupés très-court, sa moustache blanche, son œil clair, son regard calme, forment un ensemble plein de noblesse et de dignité; l'honneur s'affirme dans cette physionomie un peu froide, mais non pas sans bienveillance. « Asseyez-vous, monsieur, me dit-il; vous venez de Frœschwiller, qu'y avez-vous vu? y a-t-il beaucoup de soldats et d'officiers blessés?

— Oui, maréchal; beaucoup de cuirassiers à Morsbronn; des zouaves, des turcos et des chasseurs à Frœschwiller; de l'infanterie partout. Autant qu'on en peut juger, les Prussiens ont perdu beaucoup de monde, trois hommes quand nous en perdions deux; le vallon de Wœrth en regorge.

— Et que disent les blessés?

— Ils ne se plaignent pas, maréchal; ils souffrent comme ils se sont battus, bravement (un éclair d'orgueil traverse les yeux du maréchal et s'éteint aussitôt); ils sont, du reste, bien soignés par les chirurgiens prussiens...

— Comment? par les chirurgiens prussiens!...

— Oui, maréchal; toutes nos ambulances se sont fondues dans la bagarre; vos chirurgiens sont prisonniers, ils ne portaient pas le brassard et n'ont point eu le bénéfice de la neutralité; l'ennemi les traite honorablement, mais leur nombre est insuffisant pour nos blessés, dont la plus grande partie reçoit les soins des chirurgiens prussiens.

— Et les soignent-ils bien?

— Oui, maréchal, aussi bien que leurs propres

blessés; il faut d'autant plus l'affirmer que les officiers allemands se plaignent de l'ignorance où sont nos soldats du principe et du bénéfice de la croix internationale; ils les accusent d'avoir tiré sur les ambulances prussiennes et cette raison a contribué à faire considérer nos chirurgiens comme prisonniers de plein droit.

— Prenez ce renseignement en note, dit à demivoix, à l'un de ses aides de camp, le maréchal qui avait paru frappé de cette accusation; il faudra en faire l'objet d'un ordre du jour.

Sur sa demande, je lui donne la liste des officiers blessés que nous avons vus à Frœschwiller : « Vous écrirez à leurs familles, dit-il à l'aide de camp.

— C'est déjà fait, maréchal, lui dis-je, mais venant de vous, les nouvelles auront un caractère bien plus certain. Quant aux mouvements de l'ennemi, ajoutai-je, je ne suis pas militaire et n'y comprends rien; vous m'excuserez, d'ailleurs, maréchal, de n'en point parler; nous n'avons circulé librement dans les lignes ennemies que sur un engagement d'honneur de ne rien voir ni rien entendre... »

Le maréchal ébauche un imperceptible sourire qui signifie : c'est votre devoir de vous taire; au surplus, j'en sais beaucoup plus que ne pourrait m'en dire votre inexpérience; — et, me voyant me lever pour attendre ses ordres : « avez-vous dîné, monsieur ? » me dit-il avec urbanité, en me montrant une place libre. — Je le remercie et je m'éloigne, rempli de respect pour ce vaincu en qui tout est grand et qui me rappelle, dans sa dignité sans pareille, ces mots du poëte : *Impavidum ferient ruinæ*.

Le lendemain, 17 août, nous étions à Châlons où nous eûmes soin de faire viser nos feuilles de route à l'intendance. Cette précaution n'était point inutile : depuis notre sortie des lignes prussiennes où nous avions circulé librement sous un contrôle discret, intelligent et jamais gênant, nous nous trouvions arrêtés à chaque instant par les inutiles formalités de la surveillance française, que son organisation même, ainsi que tous les détails de la guerre l'ont prouvé, rendait illusoire, vexatoire le plus souvent, toujours inefficace. L'abus de la formalité, des visas et des timbres semblait une décharge suffisante de toute responsabilité, une raison d'abdiquer son propre discernement. Grâce à ce système formaliste, fruit de l'anéantissement de chaque subordonné dans son chef, nous avons vu maintes fois, dans le cours de cette guerre, les espions prudemment en règle circuler sans entraves, tandis que d'honnêtes gens sans défiance, peu familiarisés avec les exigences de l'état de siége, étaient atteints jusque dans leur liberté.

Châlons était encombré de troupes qu'on dirigeait sur Mourmelon, centre de formation de la nouvelle armée, laquelle devait se composer des débris de Frœschwiller, des bataillons de mobiles déjà organisés et des réserves des régiments de ligne. C'est avec ces éléments si discords, d'une consistance si incertaine, animés d'un déplorable esprit d'insubordination, de gaspillage et de désordre, qu'on préparait au maréchal Mac-Mahon la tâche impossible de sauver la France, dans les Ardennes. Personne n'a oublié les scènes scandaleuses qui se passèrent alors à Reims et au camp de Châlons : pendant que le maréchal Canrobert dévorait à Mourmelon les insultes des bataillons de garde nationale mobile de la Seine, une bande confuse de soldats de toute arme mettait au pillage la gare de Reims, et l'autorité militaire, prise aussi de vertige, n'avait même plus l'énergie de faire justice de ces actes déshonorants pour l'armée. Je n'ai point assisté à ces scènes honteuses ; mais déjà, le 17 août, au matin, il était facile de les pressentir à la vue des auberges voisines de la gare de Châlons, bordées de soldats attablés et préméditant froidement leur ivresse bestiale ; débauche, bravade ou défaillance, chacun d'eux semblait chercher dans le vin cette brutale insolence que les sots prennent pour de l'énergie et les lâches pour de la bravoure ; les jurons et les blasphèmes, entremêlés de gestes cyniques, formaient concert avec les chansons les plus obscènes ; remplacé par une sordide insouciance, l'honneur égaré n'était plus là. Tels étaient les signes avant-coureurs du sombre naufrage de Sedan.

Notre projet étant de nous rapprocher de Metz par Verdun, nous prîmes place dans un fourgon chargé d’avoine, en compagnie de quelques zouaves de la vieille race, soldats de Palestro et de Puebla, qui regardaient d’un air pensif les allures de nos jeunes recrues, auxquelles ils n’avaient point eux-mêmes, hélas! toujours enseigné le respect de la discipline. L’un d’eux, vieux routier, bronzé par vingt campagnes, m’indiquait une foule de remèdes excentriques pour arrêter un commencement de dyssenterie dont je souffrais depuis quelques jours, et, si j’ai bonne mémoire, le plus efficace, à son avis, était l’absinthe.

A la station de Saint-Hilaire-au-Temple, non loin du camp d’Attila, nous descendons du train qui continue sa route sur Mourmelon et nous montons dans un convoi qui conduit à Verdun quelques compagnies de soldats du génie. La voie n’était plus sûre, les Prussiens sillonnaient déjà les routes de l’Argonne et les soldats reçurent l’ordre de tenir leur armes chargées. C’étaient vraisemblablement les dernières troupes qui dussent rentrer dans Verdun.

Le train s’avançait avec lenteur et nous regardions curieusement ce pays d’aspect uniformément blanchâtre, au sol maigre et crayeux, où l’herbe est courte, les arbres clair-semés, les villages rares et pauvres, et qui s’appelle la Champagne Pouilleuse. A peu de distance de la station de Somme-Tourbe, nous entendons distinctement une détonation et nous voyons un fil télégraphique se briser et se tordre en spirales sur le sol; la fumée ne l’indiquait que trop clairement, c'était un coup de fusil parti de notre convoi, c'était, le croirait-on? un soldat français qui, en présence pour ainsi dire de l'ennemi, usait stupidement sa poudre sur un télégraphe français et brisait un fil porteur sans doute, à une heure aussi grave, de dépêches importantes, intéressant peut-être l'existence de centaines de soldats. Une indignation profonde nous saisit, car ces hommes dont le plus grand nombre voyage en chantant son ivresse à tue-tête, ces hommes sont des soldats du génie, la première de nos armes, l'élite de nos troupes. Un général, que nous prévenons de l'incident, accueille notre communication avec une indifférence résignée; mais un jeune officier du génie, indigné comme nous, lui demande avec fermeté de faire visiter les armes pour trouver le coupable. Le général y consent et bientôt on amène, pâle et tremblant, un soldat dont l'arme, fraîchement crassée, témoigne la culpabilité. Il proteste; aucun de ses camarades ne veut le dénoncer et, faute de témoignages suffisants, l'impunité lui fut acquise.

Nous sortons de la Champagne Pouilleuse; le train dépasse Sainte-Ménéhould et nous pénétrons dans l'Argonne; quelques minutes de crépuscule nous séparent de la nuit; nous profitons de leur pâle clarté pour prendre un frugal souper.

Voici les Islettes, Clermont en Argonne; enfin, à onze heures du soir, les remparts de Verdun; les portes sont fermées, les ponts-levis relevés, et ce n'est

que par la faveur spéciale d'un officier supérieur du
génie que nous obtenons de franchir les murs. Après
bien des recherches, nous trouvons place pour la nuit
sur le plancher d'une auberge; l'hôte nous dit que,
depuis trois jours, on entend gronder le canon du
côté de Metz, mais que le résultat des combats livrés
est inconnu; les uns ont de fâcheuses impressions et
se disent que, si les nouvelles étaient bonnes, on ne
les cacherait pas si longtemps au public; les autres
ont bon espoir, puisque l'ennemi ne continue plus sa
marche en avant. Quant à nous, succombant à la
fatigue, nous nous endormons en demandant vainement à nos cœurs anxieux un pressentiment de victoire.

VIII

CONFLANS

Le 18 août au matin, le soleil se leva, radieux,
aspirant les vapeurs légères qui couvraient le lit de la
Meuse ; les eaux limpides de la rivière couraient dou-
cement sur un lit d'herbes fines et longues, varechs
des eaux douces, refuge de myriades de petits poissons
aux écailles d'argent ; sur les bords, cachant le pied
humide des vieux murs de Vauban, hanté par des libel-
lules et des bergeronnettes solitaires, un fouillis de
joncs verdoyants s'inclinait mollement au fil de l'eau.
C'était ce qu'on peut appeler franchement une riante
matinée d'été et, séduits par l'indéfinissable paix de la
nature, nous nous laissions engourdir à l'unisson dans
une muette contemplation. La voix d'airain d'un clocher, qui sonnait neuf heures, nous rappela brusquement aux idées positives de but et de moyens, c'est-à-
dire, pour l'heure présente, à la nécessité de trouver
à tout prix une voiture pour transporter nos sacs de

bandes et de charpie. Tous les chevaux et tous les
chars avaient été requis par l'autorité militaire, et
nous nous trouvions dans une de ces situations où
l'argent ne saurait improviser ce qui n'existe plus
Nous frappons inutilement à toutes les portes ; aiguil-
lonnés par le bruit public qui parle de combats autour
de Metz depuis le 14 août, nous nous disposions à
partir à pied, lorsque nous rencontrons dans Verdun
quelques infirmiers d'une ambulance parisienne. Ils
étaient là depuis deux ou trois jours, au nombre de
soixante-dix environ, un peu indécis sur la marche à
suivre, munis d'un superbe matériel, embrigadés sous
la conduite d'un commandant à cheval et d'un directeur spirituel, je veux dire technique, car c'était, nous
dit-on, un docteur célèbre. Leur uniforme irrépro-
chable, leurs voitures reluisantes que traînaient de
robustes chevaux boulonnais, leur maintien assuré,
tout indiquait un corps qui avait ceint ses reins, comme
dit l'Ecclésiaste, et dont on pouvait attendre une activité sans égale. Aussi l'idée nous vint-elle de voyager
en leur compagnie. Grâce à la bienveillance d'un infirmier haut gradé, je fus admis à l'honneur d'entretenir
le directeur de l'ambulance : ce personnage important
daigna m'interroger et vérifia gravement mes pou-
voirs ; mais nous n'avions point d'uniformes ; nos
bottes éculées, nos habits, maculés par la boue du
Bruckmuhl, eussent fait tache, il faut l'avouer, et
l'examen ne nous fut pas favorable. Notre intention

n'étant pas, d'ailleurs, de fondre notre indépendance dans cette brillante homogénéité, nous nous inclinons devant l'homme célèbre (me pardonnera-t-il d'avoir oublié son nom?) et, à la grande joie de mes compagnons, dont le bon sens redoutait une action commune, je donne le signal du départ. Le ciel, en nous livrant à nos propres forces, voulait, on le verra par la suite de ce récit, nous protéger jusqu'au bout, et, sans doute, pour nous témoigner immédiatement sa faveur, il met sur notre route, au sortir de la ville, un brave homme, qui nous propose son char et deux chevaux.

Nous acceptons son offre avec empressement et, vers deux heures de l'après-midi, nous apercevons les premières maisons d'Étain[1], village situé à vingt-cinq kilomètres de Verdun, sur la grande route de Metz Deux uhlans, mal dissimulés derrière les grands arbre qui bordent la route, occupent l'entrée du village. Le pistolet au poing, les deux Allemands nous barrent le passage; le docteur parlemente avec eux; ils l'écoutent poliment et nous préviennent que, si nous passons, nous ne pourrons plus revenir sur nos pas, car on se bat autour de Metz et l'armée prussienne exécute des

---

1. L'attention publique a été appelée sur la petite localité d'Étain par le télégramme impérial dont je cite textuellement la teneur :

« *L'Empereur au maire d'Étain.*

« Quartier impérial, le 17 août 1870, 10 h. 28 matin.

« Avez-vous des nouvelles de l'armée? »

mouvements importants ; ces mots magiques : on se bat, c'est-à-dire les blessés tombent par centaines, coupent court à toute hésitation. En marche !... Dans l'intérieur de la ville nous traversons un escadron de uhlans. C'en est donc fait, nous rentrons pour la seconde fois dans les lignes de l'armée prussienne.

Depuis le matin, on entend, au loin, le bruit sourd et prolongé du canon ; les uhlans ont laissé comprendre qu'une grande bataille est engagée. Quel en sera le résultat? Ainsi se formule l'anxiété qui assiége tous les cœurs. A prix d'or, et en faisant appel au patriotisme de quelques braves gens, nous frétons une vieille diligence et nous partons, au galop décousu de trois haridelles, dans la direction de Metz.

A Buzy, des uhlans nous arrêtent et nous sommes conduits dans un camp de cavalerie, habilement caché, à cinq cents mètres de la route, derrière une ondulation de terrain. Au centre, un général jette sur ses cavaliers et sur leurs magnifiques montures, alignés en carré parfait, un regard d'orgueil satisfait. Le docteur lui présente le laissez-passer du général badois, notre unique talisman jusqu'ici ; il l'examine avec soin, y ajoute quelques mots de sa main pour nous autoriser à continuer notre voyage et nous congédie avec la plus parfaite courtoisie.

A quelques kilomètres au delà de Buzy, on entend distinctement le canon ; nous gravissons une éminence, d'où nous distinguons nettement, dans le lointain, des collines enveloppées de fumée; c'est donc là qu'est la bataille. Le cocher fouette fiévreusement ses chevaux, et, à sept heures du soir, ils s'arrêtent épuisés dans le village de Conflans. Le jour baisse sensiblement; déjà, dans la campagne, tous les plans se confondent, et cependant le bruit du canon redouble; nous montons sur le coteau qui domine Conflans et de là, à mesure que l'ombre augmente, nous assistons au plus imposant et au plus terrible spectacle : sur une étendue de deux ou trois lieues, les feux se croisent sous un ciel obscur; les détonations du canon et le crépitement des mitrailleuses se confondent en un roulement ininterrompu. Il fait nuit noire et le combat dure toujours. L'action, dont quelques kilomètres seulement nous séparent, semble se concentrer sur deux points extrêmes, que les paysans disent être Saint-Privat et Gravelotte; au centre, les feux se ralentissent. Les projectiles prussiens s'élancent en courbe dans le ciel, comme des fusées; les canons français, placés sur les hauteurs, ripostent par des feux dont la projection paraît plus horizontale. Du point culminant où nous nous trouvons, on discerne, d'après les éclairs, chaque déplacement des batteries. La nuit est sombre; les feux prussiens redoublent et convergent sur un même point; ce point, c'est Saint-Privat. Bientôt une flamme s'élève; une autre lui succède, puis plusieurs autres; le village entier est en feu et notre artillerie s'y maintient toujours; le ciel s'éclaire sous les rayons de cet

immense brasier, au-dessus duquel se déroulent, en
gigantesques spirales, des tourbillons d'étincelles et de
fumée lumineuse. Le spectacle est grandiose, horrible ;
les bouches sont muettes, les cœurs frissonnent. Enfin
les dernières volées de mitraille traversent l'espace ;
huit heures et demie sonnent au clocher de Conflans ; les
canons se taisent ; seul, l'incendie dévore paisiblement
sa proie ; la bataille est finie.

Comment dire ces heures d'angoisse ! N'étaient-ce
pas les destinées de la patrie qui venaient encore une
fois de se jouer sur ces coteaux maintenant silencieux ?
A qui donc était la victoire ? Le ciel était-il encore
contre nous ? Étendus sur le sol, l'oreille collée contre
terre, nous cherchions avidement à distinguer les bruits
confus qui nous arrivaient dans le silence de la nuit,
roulement de caissons, galop de chevaux, sonneries
lointaines du clairon. Quelques gens du pays nous
disaient : « Les entendez-vous défiler rondement à travers le village ? ils reprennent la route par laquelle ils
sont venus ce matin. — Écoutez bien là-bas, ce sont
leurs clairons qui s'éloignent ; ils n'ont pas pu forcer
la route, la journée doit être pour nous. » Et nous, nous,
altérés d'espérance, le cœur traversé par d'horribles
doutes, nous leur demandions : « En êtes-vous bien
sûrs ? Dans quelle direction est Metz ? Connaissez-vous
bien le pays ? Ces feux qu'on voit là-bas, ne sont-ce pas
des signaux prussiens ? Êtes-vous certains que l'ennemi
s'éloigne ? »

Il est impossible d'oublier ces heures cruelles où l'âme, aux prises avec le doute et l'espérance, les repousse tour à tour et s'énerve dans un combat sans issue ; si, dans les incidents personnels de la vie, cette lutte est violente, elle emprunte à la grandeur même des désastres de la patrie un caractère bien plus profond d'intensité. Ces braves gens, qui supputaient avec nous les résultats de la bataille, avaient un tel accent de confiance et de bonne foi que leur conviction finit par faire en nous du chemin, et chacun de nous se laissait envahir par un vague espoir.

Quelques heures encore nous séparent du moment où nous pourrons commencer notre œuvre sur le champ de bataille. Il est, en effet, impossible de tenter, dans la nuit, les hasards de la route ou des sentiers qui y conduisent ; aucun guide ne consentirait à faire avec nous ce trajet court mais périlleux ; partir seuls, c'est vouloir s'égarer et se faire traiter en maraudeur ou en espion par les soldats qui sillonnent les routes. Le parti le plus sage est donc de s'assurer d'un char de paysan pour le lendemain, de prendre quelques heures de repos et de partir au jour naissant ; c'est celui que nous adoptons.

IX

SAINT-PRIVAT
SAINTE-MARIE-AUX-CHÊNES

Depuis le 6 août, jour de l'incalculable désastre de
Frœschwiller, les armées prussiennes s'étaient répan-
dues sur le sol français, couvrant une vaste étendue
de territoire en rapport avec leur nombre, mais en
ayant bien soin de se maintenir toujours à portée l'une
de l'autre. Le prince royal avait franchi les Vosges en
trois jours, occupé, successivement et sans résistance,
Sarrebourg, Lunéville, Nancy ; ses avant-gardes me-
naçaient Châlons-sur-Marne. Le prince Frédéric-
Charles, après avoir balayé à Forbach, avec cent
vingt mille hommes, la petite armée du général Frossard, s'était avancé dans la direction de Metz par Saint-
Avold et Faulquemont, en se reliant, par sa droite et
sa réserve, à la troisième armée allemande qui, sous les
ordres du général Steinmetz, se ralliait rapidement à

lui par une marche parallèle à la Sarre. Tout en cheminant prudemment, Frédéric-Charles luttait de vitesse avec le maréchal Bazaine, qui, remontant de Sierck à Metz pour s'établir sous le canon de notre première forteresse, voulait s'emparer des positions qui commandent la triple route de Metz à Verdun.

La première de ces trois routes passe par Briey, où elle se divise en deux branches : l'une, conduisant à Verdun; l'autre à Montmédy. Les deux autres routes forment un seul tronçon jusqu'à Gravelotte, où elles se divisent pour passer l'une par Conflans et Étain, l'autre par Fresnes, chacune d'elles aboutissant à Verdun. Elles sont donc, toutes les trois, d'une égale importance pour le général qui veut, tout en s'abritant sous Metz, conserver ses communications avec les deux places fortes de Verdun de et Montmédy; si le prince Frédéric-Charles parvenait à les occuper en force, le maréchal Bazaine se trouvait bloqué sous les murs de Metz. C'était pour lui une grave détermination à prendre que de s'immobiliser en pareille situation; toutefois elle avait pour résultat certain d'arrêter la marche du prince Frédéric-Charles sur Verdun et Châlons. Celui-ci ne pouvait, en effet, s'avancer pour tendre la main au prince royal en laissant derrière lui une armée imposante, encore intacte et commandée par un général dont rien n'avait encore entamé le prestige. Le maréchal Bazaine s'arrêta donc à cette résolution, qui, en retardant la marche en avant des armées allemandes, laissait au maréchal Mac-Mahon le temps d'organiser à Châlons une nouvelle armée.

Le 14 août, à Borny, le général Decaen avec le 3e corps, le général Ladmirault avec le 4e, soutinrent vaillamment et sans fléchir le choc des Prussiens ; le 16, Bazaine livra les combats furieux de Doncourt, de Mars-la-Tour et de Gravelotte pour disputer les routes de Fresnes et de Conflans ; toute l'armée française donna ; la journée fut marquée par une admirable charge de cuirassiers et de lanciers de la garde, soutenus par un bataillon de grenadiers de la garde ; là, sur les champs de Doncourt, Mars-la-Tour et Vionville, comme le 14 à Borny, nous restâmes maîtres du champ de bataille, mais, le lendemain, débordés par le nombre, il nous fallut abandonner, sans combat, des positions que nous avions occupées, la veille, en vainqueurs. Ces actions, si meurtrières, où toutes nos troupes furent engagées, n'étaient cependant que le prélude du choc, autrement grave encore, que faisait pressentir la rapide accumulation des corps prussiens.

Le prince Frédéric-Charles, en effet, tandis que notre armée de la Moselle s'affaiblissait par les combats du 14 et du 16, recevait un renfort de troupes fraîches du général Steinmetz et du prince royal, avec lequel il était en facile communication par la voie ferrée de Metz à Nancy ; il se trouvait ainsi, le 18 août, en mesure d'opposer deux cent trente mille hommes à l'effort de Bazaine. Celui-ci disposait de quatre-

vingt mille soldats environ, dont une moitié, sous les
ordres du maréchal Canrobert et du général Ladmirault, occupait les hauteurs de Saint-Privat et de
Sainte-Marie-aux-Chênes ; le reste de l'armée était
massé sous les ordres directs du maréchal, dont la
présence personnelle sur le lieu du combat a été, depuis, contestée.

Les points de Saint-Privat et de Gravelotte, distants
l'un de l'autre de dix à douze kilomètres, forment les
deux extrémités d'une ligne de coteaux peu élevés,
derrière lesquels s'étale la vallée de la Moselle ; cette
ligne couvre Metz ; elle est coupée perpendiculai-
rement par les routes dont la possession devait être le
prix du vainqueur. Le paysage n'offre rien de saillant
et les collines peu boisées, le plus souvent couvertes de
terres labourées, méritent plutôt le nom d'ondulations.

Entre sept et huit heures du matin, la bataille s'engagea ; jusqu'à midi, les Prussiens s'acharnèrent en
vain sur Ladmirault, fortement assis à Armanvilliers
et à Montigny ; le soir, l'effort du combat se porta sur
Saint-Privat, qu'occupait Canrobert ; tous les corps
d'armée engagés, 2ᵉ, 3ᵉ, 4ᵉ et 6ᵉ, rivalisèrent de fougue
et de ténacité, les masses prussiennes, toujours fau-
chées, mais toujours renaissantes, l'emportèrent à la
fin ; Canrobert, à bout de munitions, abandonna Saint-
Privat, à huit heures du soir, en brûlant sa dernière
cartouche ; Ladmirault, lui, tint Armanvilliers et Montigny jusqu'au lendemain matin. Il fallut rompre, l'ar-

mée entière se replia. La retraite se fit en bon ordre, mais les trois routes stratégiques étaient perdues et notre armée était irrévocablement rejetée sous Metz; elle ne devait plus en sortir que par la capitulation, après deux mois de luttes journalières et de privations dont nous ne connaissons encore que vaguement les détails. Les bulletins ministériels, exploitant un des incidents de la journée — je veux parler des carrières de Jaumont où, vraisemblablement, beaucoup d'Allemands sontt ombés — parlèrent au public d'avantages impor : tants, d'un régiment de cuirassiers blancs anéanti ! Il fallait sans doute, même au prix d'affirmations menteuses, calmer la fermentation nationale et chercher le salut de la dynastie dans une dernière équivoque; il fallait nous présenter comme un succès une défaite, glorieuse sans doute, mais une défaite dont les conséquences étaient désastreuses; la nation, encore en tutelle, était, du reste, il faut bien l'avouer, incapable d'accueillir avec calme et résignation ce nouveau malheur qui se soldait, hélas ! pour notre armée, par la perte de ses communications et, pour les Prussiens, par le libre accès de la grande route de Metz à Paris. La journée du 18 août, cette grande bataille de Saint-Privat, que le public a improprement baptisée du nom de Gravelotte et que les bulletins du ministère Palikao ont entourée d'un certain mystère dont elle n'est point encore dégagée, fut donc pour nos armes un revers. Notre orgueil national, qui doit et veut aujour-

d'hui envisager froidement ses épreuves, ne saurait s'of-
fusquer d'un pareil aveu. Oui, ce fut une défaite, mais
une défaite honorable, car la victoire n'a pas de nos jours
le privilége exclusif de l'honneur : notre armée remplit
noblement son devoir, elle combattit toute la journée
sans faiblir, elle n'exécuta la retraite qu'à son heure et,
pour ainsi dire, à sa convenance, alors que l'obscurité ne permettait plus de diriger les coups et de discerner les mouvements de l'ennemi ; elle fit subir à
l'armée prussienne des pertes énormes, et, peu de
jours après, nous pûmes, de nos propres yeux, en lire
le funèbre aveu dans le bulletin royal, affiché sur les
murs de Pont-à-Mousson, sous le titre triomphant de
Victoire de Metz. C'est là le nom que les Prussiens
donnèrent à la bataille de Saint-Privat ; il résumait,
pour eux, les sacrifices successifs qu'ils avaient dû
faire, autour de notre première place forte, dans les
combats du 14 et du 16 et, principalement, dans la
grande journée du 18 août.

Le 19, à quatre heures du matin, nous partons de
Conflans, suivis d'un convoi de chars de paysans que
nous avons pu réunir pour l'évacuation des blessés.
Nous traversons rapidement Jarny, Doncourt, Joua-
ville, Batilly, encombrés de troupes allemandes ; une
innombrable artillerie sillonne les routes et même les
sentiers impraticables en apparence ; la cavalerie couvre les champs ; l'infanterie, dans son ordre immuable,
défile en bande étroite sur l'un des côtés de la route

pour laisser le passage libre aux canons, aux fourgons,
aux caissons, aux chars requis, aux voitures d'ambulance. Nous prenons un sentier qui coupe à travers les
terres labourées, pour arriver plus vite à Saint-Privat,
où l'effort de la bataille nous a paru se concentrer.
Aussi loin que notre vue peut s'étendre, la campagne est
couverte de bataillons prussiens. Le doute n'est plus
possible : la victoire leur appartient et nous sentons en
nous comme un déchirement. Mais voici le champ de
bataille, ce n'est pas l'heure de songer à soi ; il faut
ajourner sa douleur et diriger, sans partage, tout l'effort de son énergie sur le soulagement à donner aux
épouvantables misères dont les premiers cris arrivent
déjà jusqu'à nous. C'est l'heure où toute personnalité
disparaît absorbée dans une compassion sans limites :
vos forces ne connaissent plus de mesure, vous transportez des corps qu'en tout autre temps vous n'eussiez
même pu soulever ; une fièvre d'activité vous dévore,
les minutes prennent pour vous une valeur inestimable
et vous vous reprochez, comme un vol fait à ceux qui
souffrent étendus sur la terre, même les instants où
il vous faut reprendre haleine. L'horreur du spectacle
ne frappe plus vos sens, l'esprit seul est maître en vous ;
chaque homme que vous transportez prend à vos yeux,
quoique la mort l'attende peut-être, les proportions d'un
être sauvé ; vous comptez avidement leur nombre en
vous-même ; insatiable comme un avare, il vous en faut
toujours un de plus ; la fatigue n'a plus prise sur vous,

une ardente énergie vous soutient; c'est une lutte indéfinie, au profit du blessé, entre vous et la tombe et, les mains et les pieds dans le sang, au milieu des gémissements, des cris aigus, des hoquets de l'agonie, votre individualité s'efface, il vous semble n'être plus sur la terre, la fraternité vous enflamme. Tel est le phénomène auquel personne, je crois, ne peut échapper; on chercherait en vain à s'en défendre; il s'impose, il est moral, irrésistible et vous n'en avez conscience qu'au moment où, sorti de la crise, vous vous affaissez dans le sentiment des poignantes réalités de la guerre.

A cette extrémité de la ligne occupée la veille par l'armée française, le champ de bataille comprenait les villages de Saint-Ail, Sainte-Marie-aux-Chênes et Saint-Privat, ce dernier situé sur le point culminant. L'armée prussienne avait dû enlever, sous le feu des batteries françaises, le plateau en pente douce qui s'élève de Saint-Ail et Sainte-Marie jusqu'à Saint-Privat, sur une longueur de deux kilomètres; arrivée au sommet du plateau, elle était maîtresse de la route de Metz à Briey. Les corps principalement engagés étaient les armées de Saxe et de Wurtemberg, plusieurs divisions prussiennes et une nombreuse cavalerie dans laquelle se faisaient remarquer, à côté des uhlans, les cuirassiers blancs et les hussards rouges, dans leur éclatant uniforme.

L'immense plateau était couvert de cadavres, de blessés étendus, les uns sans connaissance, les autres

semblant attendre, d'un air sombre, que la mort les déli-
vrât d'une intolérable souffrance ; quelques-uns, moins
gravement blessés, se soulevaient péniblement sur le
coude et nous appelaient d'une voix faible, avec cette
éternelle prière : **A boire !** En proie à cette compassion
qui arrache des larmes aux cœurs les plus fermes, nous
nous mettons à l'œuvre. Les infirmiers prussiens nous
prêtent des civières dont la combinaison ingénieuse
mérite d'être mentionnée : le châssis se fixe par deux
clavettes en bois sur un train à deux roues d'une légèreté extrême ; un seul homme peut ainsi voiturer avec
précaution le blessé jusqu'au village ; c'est une simpli-
fication de main-d'œuvre qui rend deux bras disponibles, tandis que la civière ordinaire exige le concours
permanent de deux infirmiers. Nos ennemis ont tout
prévu, il faut le reconnaître, et leur esprit pratique
s'affirme jusque dans les moindres détails. Dans leur
organisation si complète, l'ambulance occupe une place
de premier ordre : le matériel en est immense, le personnel pourrait former à lui seul une armée ; tout y
révèle la préoccupation d'un peuple dont chaque soldat
est un citoyen, enlevé à la vie civile par une dure loi,
et que la patrie prévoyante a voulu entourer des soins
les plus minutieux, aux heures de combat ; il se sent
ainsi rassuré, raffermi au moment du danger, et si,
dans les longues étapes, le *heimwey* l'envahit, si le
découragement se fait jour en son âme, il jette alors
les yeux sur ces innombrables voitures qui marchent

côte à côte avec lui, qui lui porteront le secours, si le sort veut qu'il en ait besoin ; en un mot, il y trouve une consolation et la plus touchante représentation de la patrie absente.

Il est aussi autre une consolation que plusieurs d'entre eux ont su chercher et trouver en se sentant mourir : bien des bibles ouvertes reposent à côté des cadavres; ceux-là sont morts avec une espérance; en disant adieu à la vie, ils ont salué une aurore nouvelle. Heureux ceux qui peuvent mourir ainsi! c'est surtout parmi les soldats wurtembergeois que nous relevons cette pieuse et touchante pratique.

Au bas du plateau disputé, Sainte-Marie-aux-Chênes, les cadavres prussiens foisonnent ; le sol disparaît sous les corps, les casques, les armes, les sacs abandonnés ; les fossés de la route qui monte vers Saint-Privat en sont remplis ; il est visible que des milliers de soldats sont venus s'abriter dans la dépression du fossé. Vain abri ! tombés à leur poste les uns après les autres, ils dorment pour toujours et quelques-uns conservent encore leur position de combat. A mesure qu'on s'élève sur le plateau vers le village de Saint-Privat, la proportion des cadavres français devient plus forte et leur nombre croissant témoigne de l'acharnement de la lutte.

A deux cents mètres en avant du village, une haie borde un chemin de défruitement : attirés par un murmure confus de gémissements, nous nous approchons ; derrière ce frêle rempart un bataillon du 28e de ligne a été fauché par des bordées de mitraille ; entre des morts et des mourants, des blessés se soulèvent et nous appellent d'une voix suppliante ; pour se garantir du froid de la nuit, quelques-uns se sont traînés près de leurs camarades, s'empruntant réciproquement quelques restes de cette chaleur humaine qui s'enfuit avec leur sang. Ils forment des groupes navrants : les uns sont déjà morts et leur corps refroidi sert d'oreiller à leurs compagnons, qui ne les croient qu'endormis. Nous coupons avec des précautions infinies les manches, les pantalons, les chemises, pour arriver jusqu'aux blessures. Les soldats qui ne sont pas mortellement atteints sont enlevés et portés au village ; à ceux qui n'ont plus que quelques heures à vivre on fait un pansement superficiel et l'on promet de les enlever au prochain voyage.

A genoux contre le buisson, dans la position du soldat qui apprête son arme, un doigt sur la détente, nous voyons un sergent affaissé sur lui-même, la tête soutenue par les branches ; il est mort ; une balle lui a traversé le cœur. A ses côtés, est étendu un sous-lieutenant, tout jeune encore, presque un enfant ; il a les yeux fermés et le sourire aux lèvres ; un trou rond et net se dessine au milieu du front ; il n'a pas souffert ; c'est une belle mort.

Au milieu de plusieurs cadavres gémit un blessé ; c'est un tambour ; il se sent mourir : « Prenez ma

montre, me dit-il d'une voix faible, et mes papiers qui
sont là — sa main se porte péniblement sur sa poitrine — vous les enverrez chez moi, je ne veux pas
que les autres les prennent. » Une balle lui avait traversé les poumons et le sang l'étouffait. « Courage,
camarade, lui dis-je, je ferai ce que tu veux, mais on
guérira ta blessure ; nous allons venir te chercher. »
Je prends la montre de ce mourant qui me remercie
d'un regard et je m'éloigne en lui disant : « A bientôt. »
C'est en souriant qu'il faut dire ces mensonges, car le
blessé vous observe avec angoisse et, quoiqu'un sanglot vous serre la gorge, le ciel vous donne la force
de tromper d'une voix ferme le moribond. Ils vous
croient presque tous et gardent l'espérance jusqu'au
moment où les brouillards de l'agonie obscurcissent
leur intelligence et leur épargnent la souffrance morale.

Tout au long de la haie, des cadavres, déjà roidis,
sont alignés ; quelques-uns ont à la bouche une écume
sanglante ; leur visage, violacé et tuméfié, est hideux à
voir ; le sang les a étouffés. Près d'un vieux sergent à
trois chevrons est étendu un jeune lieutenant ; il porte
au doigt une alliance. Après avoir pris ses papiers
dans la poche de sa tunique, je cherche à lui enlever
ce souvenir qui serait si précieux pour celle qui l'a
donné ; mais les jointures des doigts crispés sont rigides
et, pour avoir l'anneau, il faudrait couper le doigt. Je
ne m'en sens pas le courage, et cependant, la nuit prochaine, quelque maraudeur, dans un but infâme, osera

cette mutilation devant laquelle recule ma pieuse intention. Non loin de là j'aperçois une cuisse arrachée ; je
cherche le tronc auquel elle a appartenu et je le trouve
à trente pas plus loin ; c'est le corps d'un clairon. Un
trou béant dans le sol marque la place où l'obus est
tombé et la position du corps indique nettement que le
projectile a éclaté entre les jambes du soldat ; la cuisse
a été lancée au loin et le ventre et la poitrine, ouverts,
n'offrent plus à l'œil qu'un mélange affreux d'intestins
déchirés et de lambeaux humains calcinés, car le feu a
pris aux vêtements. A quelques pas du clairon, un soldat semble dormir : je veux lui soulever la tête ;
toute la partie postérieure du crâne est enlevée et la
cervelle est répandue sur le sol. C'est sans doute le
même obus qui a fait cette double besogne.

Près d'eux, la tête appuyée sur son sac, un sapeur
du même bataillon ouvre les yeux et m'appelle :

« Allez-vous m'enlever ?

— Oui, mon brave, voyons ta blessure.

— Elle est là, sous les reins, je ne peux pas bouger ;
mais c'est égal, je sens bien que je ne suis pas trop
malade, la tête va bien. C'est drôle tout de même, je
ne sens plus mes jambes. »

J'essaye de le retourner ; la souffrance lui arrache
des cris affreux ; le docteur lui pince les pieds et les
cuisses, il n'éprouve aucune sensation ; j'y fais une
légère entaille avec la pointe de mes ciseaux, le sapeur
ne s'en aperçoit même pas. Depuis les pieds jusqu'à

la ceinture, tout le corps est paralysé; l'épine dorsale est brisée; ce malheureux est condamné à mourir et son cœur est plein d'espérance.

« Allons, mon brave, ce n'est rien; un mois de repos et tout sera dit. — Nous allons revenir te chercher dans une heure. — As-tu soif?

— Ah! je crois bien, major; merci, dit-il en me rendant la gourde; ne tardez pas trop, le soleil n'est pas chaud aujourd'hui, j'ai un peu froid. »

Nous étendons sur lui sa capote et sa couverture et nous lui serrons la main en disant résolûment: « A bientôt! »

Cette haie funèbre est un des points où nous avons trouvé, dans le cours de notre campagne, le plus grand amoncellement de cadavres. Il est à présumer que le bataillon du 28ᵉ de ligne, qui s'y était abrité, fut pris en écharpe par une batterie de mitrailleuses prussiennes, pointées avec une justesse de tir exceptionnelle. Ce serait une erreur, en effet, de croire que, sur les champs de bataille, on trouve les cadavres entassés les uns sur les autres; il y a presque toujours un intervalle de plusieurs mètres entre chaque corps, même sur les points où le combat a été le plus meurtrier, et ce n'est que dans des cas fort exceptionnels, tels que l'assaut d'un étroit ravin, sous le feu de puissantes batteries, que les cadavres s'amoncellent les uns sur les autres. N'oublions pas que l'imagination joue le principal rôle dans la composition des tableaux de bataille; l'artiste y accu-

mule, pour le plus grand saisissement du spectateur,
des canons renversés, des affûts brisés, des cadavres
enchevêtrés, en quantité telle que, dans la réalité, on
en pourrait couvrir une surface de plusieurs kilomètres
carrés. Quant aux récits de quelques narrateurs illu-
minés, le bon sens public fait justice de leur exagération; l'incident des carrières de Jaumont en est le type
le plus hardi; il se classe, pour les esprits sensés, à
côté de l'incident de Gravelotte, où l'amoncellement
des cadavres prussiens aurait permis à nos canons de
se mettre en batterie derrière ce rempart humain. Tels
que les fait l'armement actuel, les champs de bataille
sont assez effrayants à voir sans qu'il soit nécessaire,
pour inspirer l'horreur de la guerre, de sortir de la
simple réalité, et je me fais un devoir de raconter avec
une exactitude scrupuleuse, dût le récit perdre de sa
saveur, les scènes dont j'ai été témoin.

Dans l'après-midi du 19, le ciel, resté pur depuis le
matin, se couvrit de nuages; des orages montaient de
tous les points de l'horizon. N'ayant encore pris aucun
aliment depuis le lever, rompus de fatigue, nous songeons à faire un léger repas, et nous entrons dans
Saint-Privat. Le village n'était plus qu'un monceau
de ruines fumantes; les rues regorgeaient de cadavres,
qu'on avait alignés au long des murailles, pour rétablir
la circulation. Dans les granges et les maisons restées
debout, des centaines de blessés exhalaient leur plaint
ou leur dernier soupir; mais notre but, en entrant

dans le village, n'était pas de nous consacrer aux pansements, puisqu'il restait encore des blessés à relever sur le plateau de Saint-Privat; nous n'étions venus que pour y chercher un morceau de pain, nous l'y cherchâmes en vain. Dans cette perplexité, je me souvins, par hasard, d'avoir vu dans un sillon, sur l'emplacement d'un campement français abandonné, un gigot de mouton qui traînait sur le sol, livré à la convoitise des mouches; sans trop de recherches, on put le retrouver; notre fourrier Sch... avait, de son côté, découvert dans la poche d'un sapeur mort quelques biscuits en bon état et, dans le sac d'un soldat prussien, du café en grains; c'étaient les éléments plus que suffisants du repas. Nous nous installons dans une maison éventrée, et, sur des tisons, pris au brasier d'une ferme incendiée, nous faisons griller quelques tranches de mouton; un petit moulin de campagne, trouvé dans un sac français, nous sert à moudre le café, qui nous rend un service signalé, car l'eau est à peine potable; les sécheresses continues de l'été ont mis tous les puits à sec.

Il faut une certaine habitude pour battre utilement le terrain; le meilleur mode de procéder est de marcher en zigzags, les sillons et les dépressions du sol pouvant cacher le blessé aux regards de l'infirmier. Pour en fournir un exemple, à notre retour dans la plaine, entre les sillons d'un champ près duquel nous avions passé plusieurs fois le matin sans y rien soupçonner,

je trouve deux soldats de la ligne, endormis d'un sommeil si profond qu'il faut les secouer par le bras pour
les éveiller; ils ont, tous deux, les pieds emportés par
un éclat d'obus. Des infirmiers prussiens passent, au
loin, avec des civières, ils viennent à mon appel et nous
transportons au village ces deux pauvres garçons, qui
doivent être amputés sans retard. Je me souviens
encore d'avoir vu, à quelques pas d'eux, un artilleur
français, traversé par un obus et tenant encore l'écou-
villon dans sa main crispée. Plus loin un sapeur
est étendu, le visage contre terre; nous le retournons,
il est mort; sa montre est encore sur lui, sujet d'étonnement pour nous, car les soldats prussiens attachés
aux ambulances ne se font pas scrupule d'enlever la
primeur des dépouilles aux maraudeurs, qui n'attendent
que la nuit pour envahir ce champ de carnage. Nous
prenons soigneusement le livret du sapeur et nous
joignons sa montre à celle du tambour; elles sont
encore à Conflans, confiées à des mains sûres, et, dès
que la guerre aura pris fin, ces reliques retourneront
aux parents en deuil.

La journée touche à sa fin; tous les chars de paysans
sont partis, chargés de blessés; la pluie tombe à flots
et nous n'avons plus que deux heures de jour pour
faire treize kilomètres à travers les terres labourées;
nous nous éloignons de ce lieu désolé et nous rentrons,
à la nuit, dans Conflans. Un régiment saxon, campé
dans le village, faisait main basse sur les provisions de

ses pauvres habitants. Seul, pour tenir tête à leurs exigences, le juge de paix, homme de cœur et de résolution, était resté à son poste; il vint terminer avec nous cette journée sinistre, commencée avec l'espérance, s'achevant dans le désespoir. Nous étions donc encore une fois vaincus! Après l'Alsace, la Lorraine et la Champagne allaient à leur tour subir les ravages d'un ennemi impitoyable! Sept cent mille hommes couvraient le territoire envahi, et déjà l'armée saxonne commençait, sur la route de Metz à Verdun, ce défilé interminable dont le bruit monotone rappelait douloureusement à nos cœurs la marche des Bavarois et des Badois dans Frœschwiller. Chasseurs saxons avec la plume verte au chapeau, Prussiens avec le casque en cuir bouilli, Wurtembergeois avec le shako à double visière, uhlans noirs, hussards rouges, fourmillaient sur nos routes et se répandaient dans les campagnes pour y pratiquer ce pillage savamment organisé, qui sera leur honte éternelle, faisant ombre à leur légitime gloire.

X

SAINT-PRIVAT — CONFLANS

Le 20 août, dès l'aube, nous reprenons la route de
Saint-Privat, emportant un peu de vin pour les blessés
et, ressource autrement précieuse, une barrique d'eau.

En traversant un hameau dont je n'ai pas conservé
le nom, nous voyons sur le bord du chemin quelques
paysans lorrains qui nous regardent passer d'un œil
sombre ; nous les engageons à venir enlever les blessés sur leurs chars et à se munir de quelques provisions
pour les affamés. L'un deux s'avance avec une effrayante
exdression de haine et, d'une voix profonde : « des
chars! du pain! êtes-vous fou; me dit-il? les brigands
ont tout pris ; la farine, le blé, l'avoine, les semences,
nos·chevaux et nos chars, ils ont tout emporté. Nous
n'avons pas mangé depuis hier, voyez les enfants qui
pleurent; et vous nous demandez du pain!... » Oui,
telle est la misère que nous avons trouvée sur toute
la surface envahie, et la conscience se révolte à la pen-

sée qu'une doctrine sauvage conteste à ces dépouillés, sous peine de mort et d'incendie, le droit indiscutable et sacré de défendre leurs foyers par les armes.

Nous dépassons Sainte-Marie, dont les maisons criblées de balles et de mitraille regorgent de blessés et nous ne sommes plus qu'à cinq cents mètres de Saint-Privat, lorsqu'un mouvement se produit dans la foule des soldats prussiens que nous traversons : sur le plateau dénudé de Saint-Privat un groupe de cavaliers s'avance lentement ; l'un deux précède de trente pas ses compagnons ; de temps en temps il s'arrête pensif et son escorte l'imite respectueusement ; il regarde avec distraction les débris humains que foule le sabot de son cheval et sa pensée semble absorbée par l'examen des lieux et des distances. Sa taille est élevée et légèrement corpulente, son teint fortement coloré, son visage encadré de favoris noirs, son expression dure et hautaine ; il s'avance toujours seul, monté sur un cheval dont la robe noire est sans tache, et son escorte le suit à distance ; c'est le vainqueur de Forbach et de Gravelotte, c'est le prince Frédéric-Charles. Sous l'empire d'une aversion irréfléchie, nous nous détournons pour ne pas nous trouver sur la route de ce soldat hautain ; mais un général se détache de l'escorte et nous demande, avec la brutalité d'un zèle qu'il croit rendre agréable à son maître, qui nous sommes ? Où nous allons ? — Le docteur explique notre situation et, dès que l'officier, dont les regards nous fouillent l'âme, apprend que nous apportons une barrique d'eau pour les blessés, il nous presse de nous rendre sans retard à Saint-Privat.

De l'eau! Ceux qui, dans le parcours d'un désert aride, ou dans ces calmes mortels qui surprennent parfois le navigateur, ont souffert de la soif, ceux-là, seuls, pense-t-on, en connaissent les tortures. Eh bien, demandez au blessé, consumé par la fièvre, demandez-lui s'il n'est pas prêt à payer chaque goutte d'eau d'une goutte du sang qui lui reste encore; demandez-lui s'il ne donnerait pas le faible souffle, qui le rattache à la vie pour étancher la soif qui le dévore. Or l'eau manquait à Saint-Privat; les chaleurs d'un été exceptionnellement sec avaient tari les puits sur ce sommet sans arbres; l'orage de la veille avait à peine humecté le sol, et cette rosée fugitive flottait déjà dans l'espace; seule, au milieu du village, une mare puante, à l'eau verdâtre, dans laquelle croupissaient des cadavres de chevaux, miroitait aux rayons du soleil d'août. Vainqueurs et vaincus, blessés ou valides, chacun mourait de soif dans ce village en feu. Aussi notre humble barrique d'eau fut-elle accueillie avec reconnaissance et, d'un commun accord, exclusivement réservée au millier de blessés que renfermait Saint-Privat, de telle sorte que chacun d'eux put en avoir au moins deux ou trois bonnes gorgées.

L'eau n'était pas seule à manquer, la famine régnait au village; tous les habitants avaient fui le fer et l'incendie. Notre premier soin fut donc de distribuer parcimonieusement aux blessés français et prussiens, quelques miches de pain que nous avions pu trouver à Conflans ; chacun d'eux en reçut une très-petite part, et, dans la soirée, les ambulances prussiennes y ajoutèrent quelques cuillerées d'une soupe équivoque.

La distribution terminée, nous songeons au pansement des blessés. Des chirurgiens français, munis du brassard et par conséquent libres, se sont divisés en deux groupes occupant chacun, aux extrémités du village, une maison transformée en ambulance. La nouvelle que nous apportons de l'eau les comble de joie ; ils vont donc pouvoir faire du bouillon pour leurs blessés ! La maison qu'ils occupent en est remplie à tous les étages ; dans un coin nous voyons avec étonnement une femme étendue ; ses cheveux gris tombent en mèches éparses sur son cou décharné ; elle a le visage meurtri et ne donne plus signe de vie. Saisis de pitié, nous interrogeons nos soldats ; ils nous disent que cette malheureuse créature, surprise au moment où elle achevait un blessé saxon, a été assommée à coups de crosse par des soldats prussiens. L'horreur et la compassion nous pénètrent en même temps ; qui peut dire, en effet, si c'est un sentiment de cupidité ou de vengeance qui a dirigé la main de cette femme ?

En nous rendant à la seconde ambulance, nous rencontrons des chirurgiens prussiens qui ont peine, nous disent-ils, à suffire aux besoins de leurs propres blessés ; ils nous supplient, avec l'accent de la plus entière bonne foi, de solliciter de nos chirurgiens une plus grande activité dans le service des blessés français. Nous protestons énergiquement du dévouement infatigable de nos médecins militaires, et nous courons à la seconde ambulance. Ils sont une trentaine environ dans Saint-Privat sous les ordres de deux officiers supérieurs de l'intendance ; nous les trouvons découragés ; tous les éléments de secours leur manquent à la fois et, bien qu'ils ne soient pas prisonniers, les communications avec Metz leur sont provisoirement interdites, en raison des mouvements militaires qu'exécutent, de toutes parts, les armées prussiennes.

L'un des intendants généraux me prend à part et me supplie de demander au commandant prussien un sauf-conduit pour me rendre à Metz et ramener des subsistances pour nos blessés ; il suppose que, n'étant pas militaire, j'ai chance de voir ma demande accueillie ; mais les ordres sont formels, et ma prière est repoussée.

L'autre intendant général, vieillard presque invalide, m'appelle mystérieusement et me dit d'une voix chevrotante : « Venez avec moi, monsieur, je sais une truie quelque part, nous allons nous en emparer. »

Je crois d'abord à une mystification ; mais l'accent de bonté inquiète avec lequel il formule son étrange proposition ne me permet pas de douter plus longtemps qu'elle ne soit sérieuse. « Suivez-moi, me dit-il en trottinant ; à nous deux, nous en viendrons facilement maîtres et je pourrai faire du bouillon de truie ; venez. »

Je le suis et, sur un fumier, nous trouvons, en effet, une truie idéalement maigre, allaitant deux petits. Le visage de l'intendant rayonne d'une douce satisfaction : « Elle y est encore, s'écrie-t-il ; mais on pourrait me la prendre ; il faut la garder, n'est-ce pas, monsieur ? »

La mission de veiller sur une truie et sa portée, pendant que des centaines de blessés soupirent après le pansement, me paraît d'une utilité douteuse et je reste confondu de voir un intendant, dans sa bonhomie naïve, perdre à ce détail un temps précieux qu'il pourrait consacrer à des recherches de vivres, dans les villages voisins. Je lui en fais l'observation et j'ajoute : « Voyez ce Français prisonnier qui est là-bas, les bras croisés ; il suffira de le mettre en faction. — C'est cela, interrompit-il avec un bon sourire, et moi, pendant ce temps, je vais demander au boucher prussien de venir saigner la bête ; décidément, j'aurai du bouillon, monsieur, du bouillon de truie ! » La joie déborde sur son visage honnête ; il me remercie avec effusion et je l'entends qui murmure en s'éloignant : « Du bouillon de truie ! du bouillon de truie ! du bouillon de truie !... »

Je restai longtemps pensif à la même place. Ainsi, c'étaient là les hommes qui portaient la lourde responsabilité d'assurer l'approvisionnement de nos armées. Ce type d'impuissance n'était pas le seul, hélas ! que nous eussions déjà rencontré sur notre route, et nous devions en voir encore bien d'autres. Pauvre vieillard ! sa place était-elle bien sur les champs de bataille, et

pouvait-on ne pas frémir à la pensée que notre intendance était en de pareilles mains ! Nous ignorions
alors les révélations qui ont suivi la chute de l'Empire ;
mais il suffisait d'observer pour avoir le pressentiment d'une situation dont les télégrammes suivants,
livrés depuis à la publicité, donnent une idée générale :

« Intendant général à Blondeau, directeur administration
guerre, Paris.

« Metz, le 20 juillet 1870, 9 h. 50 matin.

« Il n'y a à Metz ni sucre, ni café, ni riz, ni eau-de-
vie, ni sel, peu de lard et de biscuit. Envoyez au moins
un million de rations sur Thionville. »

« Général commandant 4ᵐᵉ corps au major général, Paris.

« Thionville, le 24 juillet 1870, 9 h. 12 matin.

« Le 4ᵐᵉ corps n'a encore ni cantines, ni ambulances,
ni voitures d'équipages pour les corps et les états-majors.
« Toul est complétement dégarni. »

« Intendant 3ᵐᵉ corps à Guerre, Paris.

« Metz, le 24 juillet 1870, 7 h. soir.

« Le 3ᵐᵉ corps quitte Metz demain. Je n'ai ni infirmiers, ni ouvriers d'administration, ni caissons d'ambulance, ni fours de campagne, ni train, ni instruments
de pesage, et à la 4ᵐᵉ division et à la division de cavalerie, je n'ai pas même un fonctionnaire. Je prie Votre
Excellence de me tirer de l'embarras où je suis, le grand
quartier général ne pouvant me venir en aide, bien
qu'il y ait plus de dix fonctionnaires. »

« *Sous-intendant à Guerre, bureau des subsistances, Paris.*

« Mézières, le 25 juillet 1870, 9 h. 20 matin.

« Il n'existe aujourd'hui dans les places de Mézières et de Sédan ni biscuit ni salaisons. »

« *Intendant chef à Guerre, Paris.*

« Metz, le 26 juillet 1870, 8 h. 47 soir.

« Par suite du manque absolu de boulangers et de l'impossibilité d'en trouver dans la classe civile, malgré les marchés passés pour fournitures à la ration, les nombreuses troupes en dehors de Metz sont obligées pour vivre de consommer le biscuit qui devrait servir de réserve, et qui n'arrive pas d'ailleurs dans une pro-portion suffisante. Il n'est arrivé, avec les 120,000 hommes de l'armée, que 38 nouveaux boulangers. »

« *Intendant général à Guerre, Paris.*

« Metz, le 27 juillet 1870, 12 h. 30 soir.

« L'intendant du 1er corps m'informe qu'il n'a encore ni sous-intendant, ni soldats du train, ni ouvriers d'administration, et que, faute de personnel, il ne peut atteler aucun caisson ni rien constituer. »

« *Major général à Guerre, Paris.*

« Metz, le 27 juillet 1870, 1 h. 12 soir.

« Les détachements qui rejoignent l'armée continuent à arriver sans cartouches et sans campement. »

« *Intendant du 1er corps à Guerre, Paris.*

« Strasbourg, le 28 juillet 1870, 7 h. 35 matin.

« Le 1er corps doit se porter en avant. Je n'ai encore

reçu ni un soldat du train ni un ouvrier d'administration. Il est indispensable que ces moyens m'arrivent
sans aucun retard. »

« *Major général à Guerre, Paris.*

Metz, le 29 juillet 1870, 5 h. 36 matin.

« Je manque de biscuit pour marcher en avant.
Dirigez sans retard sur Strasbourg tout ce que vous
avez dans les places de l'intérieur. »

« *Major général à Guerre, Paris.*

« Metz, le 29 juillet 1870, 10 h. matin.

« Le général de Failly réclame avec instance du
campement... les hommes qui rejoignent le 5me corps
arrivent presque tous sans campement, sans marmites.
Il estime qu'il lui faudrait du campement pour cinq
mille hommes. »

« *Intendant du 7me corps à Guerre, Paris.*

« Belfort, le 4 août 1870, 7 h. 6 matin.

« Le 7me corps n'a pas d'infirmiers, pas d'ouvriers,
pas de train. Les troupes font mouvement. Je pare
autant que possible à la situation; mais il est urgent
d'envoyer du personnel à Belfort. »

« *Général subdivision à général de division, Metz.*

« Verdun, le 7 août 1870, 5 h. 45 soir.

Il manque à Verdun, comme approvisionnement de
siége, vin, eau-de-vie, sucre et café, lard, légumes secs,
viande fraîche. Prière de pourvoir d'urgence pour
4,000 hommes. »

« *Intendant 6me corps à Guerre, Paris.*

« Camp de Châlons, 8 août 1870, 10 h. 53 matin.

« Je reçois de l'intendant en chef de l'armée du Rhin la demande de 400,000 rations de biscuit et vivres de campagne.

« Je n'ai pas une ration de biscuit, ni de vivres de campagne, à l'exception du sucre et du café.

« Décidez si je dois en envoyer. »

« *Maréchal Canrobert à Guerre, Paris.*

« Camp de Châlons, 10 août 1870.

« Votre Excellence n'ignore pas que beaucoup d'isolés, malades ou blessés sont dirigés sur le camp de Châlons.

« Je continue à n'avoir ni marmites ni gamelles, et ils sont dépourvus de tout. Mon devoir est de vous en informer. Nous n'avons ni sacs de couchage, ni assez de chemises, ni assez de chaussures. »

La lecture de pareils documents n'a nul besoin de commentaires ; ils sont la condamnation de notre intendance, de ce gouvernement stupide dont elle suivait les inspirations et dont elle se fit ainsi la complice ; ils sont aussi la justification de notre malheureux pays dans cette surprenante infortune, et nous trouvons dans cet abîme d'imprévoyance et d'ineptie la principale, sinon la seule explication plausible de tous nos désastres.

En proie à de bien tristes réflexions, que chacun

comprendra, je rejoins en toute hâte mes compagnons et nous parcourons successivement les étables et les granges où sont entassés les blessés ; les blessures aux jambes et aux bras sont, de beaucoup, les plus nombreuses.

Dans une grange, à l'entrée de laquelle est étendu le cadavre d'un capitaine de chasseurs à pied, nous trouvons une vingtaine d'artilleurs français, frappés, presque tous, par des éclats d'obus. Trois d'entre eux sont déjà morts depuis la veille; nous enlevons leurs cadavres pour les aligner à côté de ceux qui attendent, au long des maisons, que les fossoyeurs les emportent.

Dans une maisonnette, dont les portes et les fenêtres sont brisées, un jeune capitaine de chasseurs à pied, étendu sur l'unique lit que renferme la pièce, découvre sa blessure ; la balle a pénétré dans le ventre. Le blessé n'a pas conscience de la gravité de son état! Il parle, il s'agite, il existe; encore quarante-huit heures, et cette tête intelligente et fine qu'il relève avec fierté, cette tête, sur laquelle on lit l'espérance et l'amour de la vie, frappera lourdement le fond de quelque fosse ignorée.

Voici le presbytère, effondré, saccagé! Sous des débris de meubles et de livres, quelques lambeaux dorés attestent que la livrée sainte n'a pas même été respectée. C'est la loi de la guerre et, pris d'assaut, le malheureux village a été pillé à la lueur des flammes. Non loin de là, des ruines fumantes marquent la place où s'élevait l'église. Ici, l'horrible dépasse tout ce que peut enfanter l'imagination : transformée en ambulance, l'église était remplie de blessés français lorsque le feu s'y déclara quelques instants avant la fin de la bataille ; dans le désordre qui accompagne toujours une retraite, on n'eut pas le temps de les retirer. Ces infortunés, que leurs membres brisés ne pouvaient plus servir, voient, épouvantable agonie ! cette voûte ardente suspendue sur leur tête ; elle cède lentement, laissant tomber sur eux, comme autant de morsures à travers la fumée, quelques débris brûlants, avant-coureurs de sa chute ; elle s'effondre enfin pour mettre un terme à cette torture sans nom et les cendres de ces martyrs se mêlent aux cendres de l'autel et des objets sacrés. La plume est impuissante à traduire ces angoisses, heures d'agonie plus longues que des siècles, et l'esprit s'en détourne avec une respectueuse horreur.

Dans une vaste grange, où s'étalent des misères que le cœur se lasse de retracer, j'aperçois un soldat qui touche à sa dernière heure. C'est un Wurtembergeois ; sa tête jeune et blonde repose sur une bible entr'ouverte. Je m'agenouille à son côté, cherchant à faire pénétrer dans son regard perdu la compassion qui m'oppresse et me rive à sa dernière souffrance ; mais les sensations extérieures n'agissent déjà plus sur cette âme qui va déloger ; la vie abandonne insensiblement le corps, les mains sont glacées, les joues se creusent, les narines se pincent ; les yeux, vitreux et démesuré-ment ouverts, semblent chercher dans un brouillard confus de lointaines visions, les joies de la jeunesse sans doute, la tendresse des vieux parents, le pur amour de la fiancée peut-être, tout ce que le mourant a aimé sur cette terre ; sa poitrine se soulève à de longs intervalles, cherchant vainement par des hoquets étranglés à s'emplir de l'air qui lui manque ; les aspirations deviennent de plus en plus rares ; un effort plus faible et plus prolongé témoigne que l'heure approche ; un frémissement convulsif agite la mâchoire inférieure ; un rictus douloureux tord la bouche et les lèvres d'où s'exhale un faible soupir ; la lutte est finie, il ne souffre plus ! Dors, dors en paix, soldat mort sans l'adieu des tiens, c'est un Français qui t'a fermé les yeux !

Comme à Frœschwiller, le docteur procède à des extractions de balles et à quelques amputations. Dans la salle où il opère, gémissent, côte à côte, une douzaine de blessés français : un prêtre s'approche d'un soldat qui l'a fait appeler, se penche sur lui, l'interroge, le console, et reçoit la confession que le mourant lui fait à voix basse. L'un de nous recueille les lettres des blessés, qui, toutes, nous sont remises décachetées et où il ne doit être question que de l'état de leur santé.

A la fin de la journée, tous les blessés, tombés à cette extrémité de la ligne de bataille, sont enlevés ; il ne reste plus sur le terrain que les cadavres d'hommes et de chevaux que l'insuffisance de bras ne permet pas d'enterrer assez vite, et ces mille débris de toutes sortes qui jonchent invariablement les champs de bataille. De distance en distance, des monceaux d'ar-

mes, de sacs, de casques, de capotes; dans le lointain,
le fourmillement silencieux des campements prussiens,
tel est le spectacle que nous offre ce vaste plateau
ensanglanté, criblé de mitraille, piétiné par les milliers
d'hommes qui dorment maintenant sous ses sillons.
Nous disons un bien triste et dernier adieu à ce
village détruit et nous reprenons le chemin de Conflans.

En traversant le hameau de Saint-Ail, autour
duquel campe une division prussienne, nous croisons
un char sur lequel sont assis des officiers français
blessés : sur le devant, enveloppé dans un grand
manteau blanc, la tête entourée d'un mouchoir sanglant,
un jeune général répond en souriant à notre salut et
se remet à fumer flegmatiquement son cigare. Nous
serrons la main de ces braves qui portent dignement
leur malheur, et nous sollicitons en vain d'un général
prussien la faveur de les emmener à l'ambulance de
Conflans; mais l'ordre est formel, ils doivent se rendre
à Pont-à-Mousson et vont voyager ainsi toute la nuit.

Dans une étable basse, infecte et sombre, nous
visitons des blessés français. Contre une clôture dont
les planches disjointes laissent passer le vent et la pluie,
sur un lit de paille à moitié pourrie, est assis un chef
de bataillon de la ligne, M. Leroux; il a reçu trois
blessures dont l'une est très-probablement mortelle ; la
balle s'est logée dans le bas-ventre. D'une voix ferme
et dont j'entends encore le son vibrant à mon oreille :
« Monsieur, me dit-il, ayez la bonté de panser ma

blessure; Dieu merci! je la sens peu grave, j'ai toute ma force et j'en réchapperai; mais je peux dire que je reviens de loin. — Ah! c'eût été dur de mourir, voyez-vous : j'ai les deux plus beaux enfants qu'on puisse voir... » et son mâle visage s'illuminait de tendresse à cette si douce pensée. Nous pansons ses blessures et nous lui disons : « Au revoir. » Je ne sais s'il a succombé; mais mon cœur se serrait en m'éloignant de ce vaillant soldat, de ce bon père, chérissant ses enfants.

La nuit nous surprend à Doncourt, à moitié chemin de Conflans; le village est occupé par un corps saxon et toutes les issues en sont gardées avec cette vigilance dont ne se départent jamais, en aucune conjoncture, les campements prussiens. A notre grande surprise, nous sommes arrêtés par des sentinelles; le docteur est conduit devant un général qui l'interpelle en langue allemande et lui dit avec la plus extrême violence :

« Que faites-vous à cette heure sur les routes?

— Général, nous sommes infirmiers, lui répondîmes-nous; nous arrivons, à l'instant même, de Saint-Privat, où nous avons relevé les blessés sur le champ de bataille.

— Infirmiers! dites-vous, hurle ce forcené; je devrais vous faire arrêter et passer en jugement. Ne savez-vous donc pas que vos soldats tirent sur nos ambulances? tenez, j'en ai reçu ce soir même la nouvelle et tous nos chefs de corps en sont informés par le télégraphe, vos soldats ont frappé mortelle-ment, dans les environs de Metz, des Allemands qui portaient le brassard, des infirmiers civils, comme vous prétendez l'être. C'est une infamie, achève-t-il, dans un déluge d'imprécations retentissantes; une infâmie!

— Vous avez raison, général; si le fait est authentique, il est infâme; mais n'y a-t-il pas malentendu? permettez-nous, comme Français, de protester de toutes nos forces contre la possibilité de cette barbarie.

— Protester, protester! répond-il en s'adoucissant visiblement; protestez à votre aise, mais le fait n'en est pas moins exact; oui, sans doute, je sais bien que tous les Français ne sont pas ainsi, mais songez aux représailles de la guerre. Allez, partez, je devrais vous garder... tâchez de ne me retomber jamais sous la main. »

Quelles tristes réflexions ne faisions-nous pas sous l'impression de cet incident! A n'en pas douter, cet homme disait ou croyait dire vrai, et nous qui avions vu de près l'ignorance de nos soldats et des populations qui nous prenaient pour des francs-tireurs ou pour des espions, nous devions appréhender plus que personne que l'affirmation du général ne fût exacte. Ignorance honteuse, mais dont nos soldats ne doivent pas seuls porter la responsabilité, car les gouvernants de la nation qui se dit la plus éclairée du monde, en déclarant une guerre formidable, n'avaient pas même pris souci, par quelque ordre du jour à l'armée, d'édifier le soldat sur les conventions du champ de bataille, sur les secours qu'il y recevrait et sur le insignes portés par ceux dont il pouvait les attendre.

Ces erreurs, grâces à Dieu! ne sont plus possibles aujourd'hui; après tant de sanglants sacrifices, la croix de Genève n'est plus ignorée de personne; et pourtant, à l'heure même où j'écris ces lignes, nos ennemis dirigent leur mitraille sur nos hôpitaux, asiles sacrés jusqu'à ce jour, comme si, par une inutile et froide barbarie, ils voulaient, en les criblant d'effroyables projectiles, décharger notre conscience nationale des fautes par nous commises, au début de la guerre.

Cet incident, où notre liberté venait de se trouver en péril, rendait encore plus visible pour nous le caractère passionné que revêtait la guerre. Plus nos ennemis avançaient dans le cœur de la France et s'éloignaient des départements où leur langue est encore en usage, plus leurs exigences devenaient immodérées; une sourde irritation perçait dans tous leurs procédés; si facile au début, notre circulation commençait à subir des entraves, et notre arrestation à Doncourt, jointe à mille symptômes d'une hostilité soupçonneuse, nous déterminèrent à rentrer le plus tôt possible dans les lignes françaises. Depuis quinze jours, d'ailleurs, nous n'avions plus goûté, ni moralement ni physiquement, une journée de repos. Beaucoup d'entre nous éprouvaient une lassitude profonde à laquelle se joignait le souci bien légitime de nos foyers; nous ne doutions pas, en effet, que la haute Alsace ne fût envahie; les propos vagues, tenus par les soldats allemands, laissaient entendre que Strasbourg avait succombé, et cette éventualité nous paraissait d'autant plus probable que nous avions vu par nous-mêmes les côtés faibles de la défense. Le soir donc, après avoir visité les blessés qui avaient été transportés à Conflans, nous prîmes la résolution de partir le lendemain. Quant au choix de la route, il ne dépendait pas de nos convenances; les avant-gardes de l'armée prussienne s'échelonnant déjà tout autour de Verdun, il nous était interdit de songer à sortir des lignes ennemies par ce côté-là; il importait, d'ailleurs, d'enlever à notre marche tout caractère équivoque, et, réflexion faite, nous nous arrêtâmes au sage parti de demander sans détour au quartier prussien l'autorisation de rentrer en France.

Toute la nuit, l'armée saxonne continua à défiler sous nos fenêtres et, le lendemain matin, nous fûmes réveillés par le son de la première musique militaire allemande que nous eussions encore entendue. Ce fut une triste matinée : comme pour contraster avec la désolation générale, le soleil inondait de chauds rayons les jardins du village ; les fleurs s'épanouissaient et répandaient dans l'air des senteurs douces que chaque brise nous apportait. Insensibles à ce charme qu'on trouve aux choses de la nature, nos cœurs soucieux étaient pris d'un découragement infini : c'est que le départ approchait, notre mission touchait à son terme, nous n'avions plus pour nous absorber les poignantes émotions de la pieuse tâche que nous nous étions imposée, et nous nous retrouvions face à face avec les réalités navrantes de l'infortune nationale.

Je me souviens encore que, m'étant écarté du village par un sentier détourné, je me trouvai, sans m'en douter, dans un jardin tout frais encore de la rosée du matin, véritable forêt de rosiers; il y avait là des roses par centaines; de toutes tailles et de toutes couleurs, et je fus pris d'une irrésistible envie d'en faire moisson pour les blessés. J'entre dans la maison, je fais ma demande au maître du jardin et ce brave homme, en quelques coups de ciseaux, me donne autant de roses que j'en puis porter. Je les distribue aux blessés et plus d'un les garde précieusement près de lui.

Les blessés de l'ambulance de Conflans sont presque tous des lanciers de la garde, des dragons de l'impératrice et des chasseurs d'Afrique, tombés dans les combats du 14 et du 16 août, où la cavalerie fut appelée à jouer un rôle important. Pendant que j'assiste le docteur, qui procède à l'amputation d'un doigt et à l'extraction de deux balles logées dans l'épaule d'un homme, nos compagnons renouvellent les pansements dans les salles voisines. Le patient, que nous avons, d'abord, entre les mains, est un jeune soldat de la ligne : une balle lui a brisé l'index; le docteur désarticule la phalange, et le blessé, sans qu'aucun tressaillement révèle sa souffrance, regarde stoïquement mutiler sa main. Celui que le docteur débarrasse ensuite de ses deux balles semble s'inspirer de la fermeté de son camarade ; car ce genre de courage est contagieux, nous l'avons souvent constaté. Notre blessé, quand nous lui présentons les lingots de plomb déformés, peut à peine croire qu'il les ait portés dans sa chair; il les palpe, il les soupèse, il les regarde curieusement avec une hésitation enfantine et finit par les mettre dans sa poche.

Étendu sur un matelas, un dragon fume flegmatiquement un vieux tronçon de pipe; il a reçu huit coups de pointe dans le corps. « Il n'y en a qu'un qui me gêne, nous dit-il »; Je le crois bien! le fer a traversé un des poumons, et le blessé se plaint de crachements de sang; il n'en continue pas moins à fumer sa pipe, malgré nos avis, et nous regarde négligemment panser les huit trous profonds qui criblent son torse robuste.

Près de lui repose un chasseur à pied; encore un enfant; son visage imberbe est pâli par la souffrance : une balle l'a frappé au bas-ventre et a ravagé les reins; blessure mortelle. La sonde est impuissante à soulager ce courageux enfant, l'urine s'écoule par la plaie et jaillit à la plus petite pression exercée sur le ventre; elle se répand, depuis deux jours, sur ce lit de douleur, d'où s'exhale une odeur fétide. Nous pansons le patient avec autant de soins que s'il pouvait être sauvé : « Ce ne sera rien, » lui disons-nous, car son grand œil intelligent nous épie et l'espoir de vivre est, le plus souvent, la force morale des mourants.

Son voisin nous appelle en gémissant : blessé au côté gauche par une balle ou un éclat d'obus, voici

trois jours qu'il est obligé de conserver la même position ; cette immobilité finit par être plus douloureuse
pour lui que la blessure elle-même. Il nous découvre
son côté droit qui présente une plaie tuméfiée. Le
docteur en élargit l'entrée à l'aide du bistouri, et la
pince ramène bientôt un morceau de carton roulé.
C'est une blessure faite à bout portant ; la culasse en
carton de la cartouche a été projetée avec assez de
force pour s'enfoncer dans le sillon tracé par le projectile. Quant à la balle, il faut, bon gré mal gré,
renoncer à l'extraire ; elle a pénétré trop profondé-
ment dans les chairs pour que la pince puisse y parvenir.

Les pansements sont terminés ; l'heure fixée pour
notre départ approche ; nous prenons congé du juge
de paix ｜et du médecin de la localité qui se dévouent
sans relâche aux soins qu'exigent ces malheureux.
Nous mettons dans nos sacs autant de bandes et de
charpie qu'ils en peuvent contenir, car nous trouverons certainement encore des blessés sur la route, et
nous laissons le reste à l'ambulance de Conflans dont
les ressources sont à la veille de s'épuiser. Deux
heures sonnent auclocher du village ; chacun de nous
boucle son sac, et, muets, nous nous éloignons d'un pas
rapide dans la direction de Doncourt, où se trouve le
quartier du général prussien dont l'autorisation nous
est indispensable pour prendre le chemin du retour.

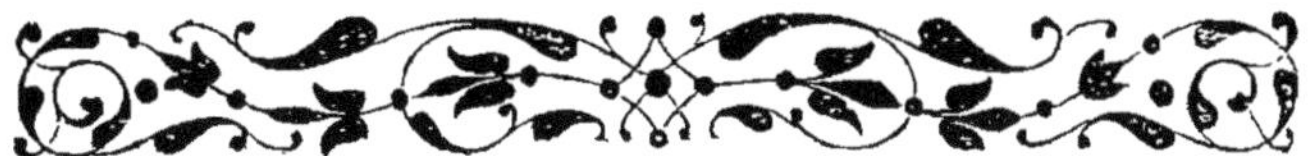

XI

GRAVELOTTE
PONT-A-MOUSSON

Bien que Doncourt ait donné son nom à l'un des sanglants combats livrés par Bazaine aux armées prussiennes, le village n'avait point été lui-même le théâtre d'une lutte ; l'action s'était passée dans les champs ondulés qui séparent Jarny de Doncourt, et les seules traces que cette localité portât de la bataille étaient ces petits drapeaux blancs à croix rouge annonçant, dans chaque maison, la présence de quelques blessés.

Les abords du quartier général où nous devions solliciter notre laisser-passer étaient encombrés de jeunes aides de camp, bien serrés dans leurs élégants et riches uniformes. L'un d'eux nous apprit, et ses camarades nous le confirmèrent, que, depuis la bataille du 18, des bruits sérieux de paix circulaient dans l'armée prussienne. Tous, sans exception, parlaient de

cette éventualité avec une. visible satisfaction, et j'ai
soigneusement noté cette impression. Elle ne me laissait aucun doute sur le sentiment général de l'état-
major prussien à cette époque ; satisfaits des éclatantes
victoires qu'ils venaient de remporter dans cette rapide
campagne, ils inclinaient à croire qu'il ne s'agissait pas
d'une guerre de conquêtes à notre détriment ; l'idée de
la séparation violente de l'Alsace et de la Lorraine ne
s'était encore fait jour que dans quelques esprits passionnés, ennemis acharnés de la France, pangermanistes
jusques là plus ridicule que redoutables, mais l'immense majorité de ceux qui supputaient déjà la fin de
la guerre et les conditions de la paix trouvait une satisfaction suffisante, dans l'affirmation de l'unité germanique et de sa prépondérance en Europe, dans l'humi-
liation de l'empire napoléonien, dans l'annexion par voie
diplomatique du duché du Luxembourg et dans l'attri-
bution d'une forte indemnité de guerre à l'Allemagne.
Tout au plus, pensaient-ils, pouvoir demander quelques
kilomètres carrés de notre territoire, du côté de Saarbruck, pour rectifier, suivant leur expression, leur
frontière. Metz et Strasbourg étaient encore debout,
leur chute était impossible à prévoir, et pour arriver
à donner un corps à ce qui, hier encore, était un rêve,
pour faire de l'annexion de l'Alsace et de la Lorraine
le cri de guerre de toute la nation allemande, il fallait ces incomparables désastres qui suivirent Frœschwiller et Gravelotte, et firent de ce qui n'était encore

qu'un mirage pour l'ambition germanique une convoitise, un droit émanant brutalement de la force.

Quant à nous, cette éventualité de paix, dont s'entretenait l'état-major prussien, nous paraissait peu
probable, et les termes dans lesquels nous entendions
ces officiers hautains parler de notre pays ne nous
permettaient pas de prolonger l'entretien. Au surplus,
le docteur, que sa connaissance parfaite de la langue
allemande désignait toujours pour être notre ambassadeur et notre interprète, descendait du quartier
général ennemi avec un laisser-passer pour Pont-à-
Mousson et nous sortîmes en toute hâte de Doncourt.

Nous dépassons Marmoutiers, où nous retrouvons
les traces de la lutte des jours passés, et nous arrivons
à Gravelotte à la nuit tombante. Le champ de bataille
n'est encore qu'imparfaitement nettoyé : au bord des
routes, des arbres brisés par les obus; sur les champs,
ces débris émiettés, fouillis d'armes brisées, de sacs
éventrés, de vêtements souillés, de livrets déchirés, de
plaques, de torsades, de bidons, de harnais; quelques
ruines fumantes; de loin en loin des éminences de
terres fraîchement remuée, sur lesquelles des mains
pieuses ont planté des branches d'arbres et des croix;
des chevaux enfouis à fleur de terre et dont les pieds
sortent du sol; tels sont les vestiges de la bataille qui
a ensanglanté cette extrémité de la ligne. Dans une
prairie, à l'entrée du village, des soldats achèvent les
chevaux blessés; c'est l'heure de l'exécution, qui pré-

sente, du reste, un progrès sur le mode que nous avons vu employer à Frœschwiller : pour supprimer les accidents du tir à distance, on a remplacé le fusil par le revolver ; les chevaux sont amenés au bord de la fosse préparée d’avance ; l’exécuteur appuie froidement le pistolet sur la tempe de l’animal ; le coup part, et la pauvre bête roule, foudroyée, dans la fosse. C’est plus impitoyable peut-être, mais plus pratique à coup sûr, et ce peuple, dans les plus petits détails de la guerre, ne sacrifie rien à la sentimentalité ; depuis le soldat jusqu’au général, le positif est l’idole ou la loi de tout bon Allemand, et notre pitié chevaleresque ferait hausser les épaules à ces robustes logiciens. Ceux que nous voyons en ce moment à l’œuvre à l’entrée du village achèvent les chevaux, non point par cruauté (l’exécuteur est peut-être un rimeur de brasserie qui a chanté son noir coursier dans une ode ampoulée), mais parce qu’ils pourraient guérir et rendre quelque jour un service à nos paysans. Je ne mets pas en doute, si la guerre se prolonge, que, d’école en école, ils n’appellent la chimie à leur aide pour utiliser sur place les chevaux abattus et ne pas nous les laisser même comme engrais.

En entrant dans Gravelotte nous voyons, au milieu d’une luzerne verdoyante, s’élever une tente gracieuse, presque coquette ; tout rêveurs et résignés, se promènent les coquets infirmiers de l’ambulance que nous avions rencontrée à Verdun ; ils nous apprennent à voix basse qu'ils sont traités en prisonniers de guerre, et voici, telle qu'ils nous l'ont racontée, leur aventure :

Arrivés dans la journée du 18 à Étain, quelques heures après nous, ils avaient jeté l'alarme parmi les vedettes prussiennes. L'éclat des uniformes et le nombre des hommes éveilla la défiance des uhlans, qui leur refusèrent le passage. Le lendemain, à leurs risques et périls, ils forcèrent la consigne; mais ce fut pour tomber, à Gravelotte, entre les mains d'un général prussien; à défaut de bastille, il leur avait assigné pour prison le champ de luzerne; c'est là que nous les retrouvions, méditant depuis trois jours sur la convention de Genève, sur le droit et la force, la résistance et la résignation, toutes choses abstraites qui conviennent à la gravité des docteurs. Certes c'est une histoire lamentable et je ne sais rien de plus pitoyable que de voir la science ainsi maltraitée dans la personne d'un docteur célèbre et de la phalange médicale qui gravite autour de lui. Au surplus, ils rendaient d'éminents services, étaient appelés à chaque instant par les chirurgiens allemands qui leur taillaient la besogne en vainqueurs polis, et tout eût été pour le mieux, me dit l'un d'eux avec amertume, si ces « bouchers » n'avaient gardé pour eux « les cas les plus intéressants. » Nous abandonnons, dans la luzerne, les hommes de la science à leur mélancolique destinée, et nous poursuivons la nôtre sur le chemin de traverse qui serpente le long des coteaux jusqu'à Ars-sur-Moselle, où nous arrivons à dix heures du soir après huit heures de marche.

Sur un coteau couvert de vignes qui domine la ville, étincellent des milliers de feux disposés en amphithéâtre; leur éclat produit un effet magique au milieu de la profonde obscurité qui les environne; c'est le campement d'une division prussienne. Mourant de faim et brisés de fatigue, nous cherchons vainement dans cette ville envahie un morceau de pain pour souper et une botte de paille pour dormir; tout est requis sans exception par l'armée prussienne. On aura quelque peine à le croire, et cependant, c'est la réalité, dans toute cette ville, nous ne trouvons que douze noix sèches; elles nous sont offertes par charité et nous les refusons pour ne pas priver le marchand de sa dernière ressource. Il tombe une pluie fine qui nous transperce, toutes les portes se ferment, toutes les lumières s'éteignent; nous cherchons quelque auvent pour nous abriter, nous étendre et dormir; mais nous n'en trouvons point. Dans cette perplexité et malgré l'heure avancée, l'idée nous vient de nous adresser au maire de la localité; un de ses adjoints nous prend en pitié et nous conduit à une ambulance installée dans la mairie même. Pour notre bonheur, elle était dirigée par de braves gens, l'instituteur primaire et sa femme. Saisis de pitié pour notre délabrement, ils nous donnent une bonne tranche de pain et les débris d'un pot-au-feu qui constituent pour nos estomacs affamés un délicieux régal; ils nous permettent de coucher, à l'abri de la pluie, dans les combles, au-dessus du grenier, seule place qui restât libre dans ce grand bâtiment. Faisant contre mauvaise fortune bon cœur, nous nous enveloppons dans nos couvertures au milieu d'un inextricable fouillis de caisses vides, de châssis vitrés et de vieux papiers; nos sacs nous servent d'oreillers et nous nous endormons en paix sur ce plancher hospitalier.

Le laisser-passer obtenu à Doncourt nous enjoignant d'être à midi à Pont-à-Mousson, nous laissons de grand matin cette petite ville épuisée par les réquisitions. La route qui mène à Pont-à-Mousson suit fidèlement le cours de la Moselle, sur laquelle nous apercevons encore les ponts de bateaux qui ont servi au passage de l'armée prussienne; nous en comptons cinq et déjà les pontonniers allemands les enlèvent comme s'ils étaient certains désormais de n'avoir point à faire une marche rétrograde. Des régiments saxons sont campés au bord de la route; ils abattent à grands coups de hache les beaux arbres qui la bordent. Que de temps ne faudra-t-il pas pour réparer tous ces ravages! Mais voici midi; au fond de la plaine nous apercevons de vieux clochers grisâtres; c'est Pont-à-Mousson.

Le roi Guillaume y a installé son quartier général, aussi la ville est-elle bondée d'infanterie et de cavalerie; au milieu de cette foule de soldats, se distinguent par leur magnifique uniforme, les cuirassiers blancs de M. le comte de Bismark Schœnhausen. O dérision! les cuirassiers blancs de Bismark!... Sur les murs

de Verdun, nous avions lu une dépêche officielle ainsi
conçue :

> « *Ministre de la guerre, Paris.*
>
> « Camp, 18 août 1870, 9 h. 4 matin.
>
> . . . .
>
> « Le régiment de cuirassiers blancs de **M**. de Bismark
> a été totalement détruit.
>
> « NAPOLÉON. »

Ce régiment, il n'en était pas moins, le 22 août, sur
la place de Pont-à-Mousson ! Des acclamations reten-
tissent: voici le roi Guillaume et son ministre, qui
viennent assister au défilé de ces troupes qui leur
donnent l'empire de l'Allemagne. M. de Bismark est en
petite tenue de cuirassier blanc, sans cuirasse et coiffé
du béret jaune ; ce type du reître diplomate est trop connu
pour que j'en exquisse les traits. Quant au roi, c'est
un grand et gros homme, au teint bachique, à cheveux
et barbe blancs ; il est en tenue de général prussien ;
casque en tête, les mains croisées derrière le dos, de
manière à faire saillir l'abdomen, rigide comme une
figurine en bois sculpté, cet étrange et vulgaire favori
de la fortune regarde défiler ses bataillons avec une
expression d'orgueil et de satisfaction contenus ; il y
a en lui du Jupiter et du brasseur, du César et de
l'Exécuteur des Hautes Œuvres. Il m'est difficile d'exprimer l'aversion profonde que nous inspiraient ces
deux hommes. Au génie sinistre du diplomate de l'Alle-

magne, nous ne pouvions refuser un tribut de hai-
neuse admiration ; mais à la vue de ce roi, soldat
grossier, tour à tour esclave ou maître au gré de son
ministre, nous éprouvions une sourde colère : est-ce
bien là cette épée vengeresse, ce fléau de Dieu, celui
que deux grandes batailles font maître de nos destinées !
Ces révoltes intérieures ne se peuvent analyser, et
nous nous détournons pour ne pas assister, dans une
ville française, à ce triomphe insolent des vainqueurs.

Au quartier général, le docteur obtient un laisser-
passer depuis Pont-à-Mousson jusqu'à Mulhouse, avec
itinéraire obligatoire par Saarbruck, Mannheim,
Carlsruhe, Fribourg et Bâle. Sans que nous l'eussions
sollicité, le laisser-passer portait la mention spéciale de :
parcours gratuit en première classe, sur toutes les
lignes. Cette largesse nous étonna au premier abord,
mais nous apprîmes par la suite que, sur toutes les
lignes allemandes, le personnel et le matériel de la
Société internationale de secours aux blessés avaient le
privilége du parcours et du transport gratuit. La
Suisse, dès le début de la guerre, leur constitua également le même droit. Ce n'est qu'en France que nous
avons dû payer nos déplacements et le transport du
matériel d'ambulance. Une seule compagnie a fait à
cet égard une concession : c'est la compagnie des chemins de fer de l'Est, qui a assimilé les infirmiers civils
aux militaires et les a fait bénéficier de la réduction de
75 pour 100 sur ses tarifs de voyageurs et de mar-

chandises ; la ligne de Lyon ne nous a accordé cette faveur que sur la présentation de nos feuilles de route visées par l'intendance militaire.

Le point de départ fixé par notre laisser-passer était la gare de Remilly, station distante de quelques kilomètres de Metz et par laquelle la majeure partie des blessés prussiens était évacuée sur l'Allemagne. La distance de Remilly à Pont-à-Mousson est de quarante kilomètres environ ; nos pieds, meurtris par une marche de soixante kilomètres en vingt-quatre heures, se refusaient à nous porter plus loin. Il fallut donc s'enquérir d'une voiture. Nos premières démarches furent infructueuses, tous les chars et les chevaux avaient été requis pour les transports de l'armée ennemie ; sous la terreur des prohibitions prussiennes, les habitants se refusaient à écouter nos propositions, et nous suppliaient d'un air effaré de nous retirer, notre insistance et même notre présence pouvant les compromettre devant les cinq ou six soldats prussiens installés en garnisaires dans chaque maison. Enfin, en lui garantissant la protection efficace du drapeau international, nous obtenons d'un voiturier plus hardi la promesse de nous conduire le lendemain matin à Remilly. Rassurés sur ce point, nous songeons à nous procurer un abri pour la nuit et nous nous adressons au fantôme de municipalité que les envahisseurs ont autorisé ou obligé à fonctionner. Le billet de loge-ment que nous obtenons nous conduit dans une famille de pauvres maçons; ces braves gens, nous sachant Français, s'empressent tellement à bouleverser leur maison pour nous mieux loger, que nous sommes confus, et leur bonté grande nous fait oublier notre droit pour ne nous laisser que de la reconnaissance.

Il se peut que Pont-à-Mousson, avec son pont sur la Moselle, ses vieux porches et ses clochers, offre quelque intérêt au touriste ou à l'archéologue; mais notre esprit n'était pas à l'archéologie, et, bien que notre passage dans cette ville soit de date récente, ma mémoire n'a conservé des objets extérieurs aucun souvenir.

C'est à Pont-à-Mousson que, pour la première fois depuis notre entrée en campagne, nous rencontrons des infirmiers volontaires allemands. Ils ont aussi la passion de l'uniforme, et le formidable arsenal qu'ils portent à la ceinture contraste étrangement avec le caractère de leur mission. Pour quiconque a observé de près les mœurs des universités allemandes, cet étalage guerrier n'a rien de surprenant, mais ce qui fut pour nous, il m'en souvient, un sujet d'étonnement, c'est l'arrivée tardive de ces jeunes hommes de bonne volonté sur les points où le sang venait de couler. Pour être juste, d'ailleurs, je dois dire que, sauf le personnel de quatre ambulances sorties à cette époque de Paris, personnel dont bien des entraves ont retardé ou empêché la présence immédiate sur les champs de bataille, nous n'avions rencontré en Lorraine aucun infirmier

12.

civil français sur les champs de Doncourt et de Gravelotte. Ce n'est point un blâme que j'exprime ; la marche foudroyante de l'invasion a pris au dépourvu les
meilleures volontés, et je n'attribue qu'à des hasards
heureux la fortune que mes compagnons et moi nous
avons eue de nous trouver à l'heure opportune à Frœschwiller et sur tous les champs de bataille, autour de
Metz.

Le 23 août, à midi, nous arrivons à Remilly, où nous
voyons les premiers travaux du chemin de fer que les
Prussiens vont établir pour desservir les lignes d'investissement de Metz. Autour de la gare, exposés à la
pluie qui tombe sans merci, sont étendus sur la paille
des centaines de blessés français et prussiens ; d'heure
en heure, des chars de paysans amènent de nouvelles victimes. Ces malheureux subissent un pansement en attendant le départ du convoi qui les emportera vers l'Allemagne. Nos blessés sont mornes et silencieux ; on dirait
qu'ils ont, par pressentiment, l'effroi de la captivité. Par
un entraînement bien naturel nous nous occupons d'eux
presque exclusivement, et tel est leur découragement
que nous ne voyons même pas sur leur visage ce rapide
sourire de satisfaction dont n'étaient pas maîtres leurs
camarades en serrant une main française. Au milieu
des blessés circule une nuée de sœurs de charité bavaroises et de diaconesses wurtembergeoises qui prodi-
guent à tous les blessés, sans distinction de nationalité,
des soins dont nous admirons l'intelligence, la promp-

titude et la délicatesse. Je dois rendre le même témoignage aux chevaliers de Saint-Jean (*Johanniter*) dont la charité prodigue aux blessés, en même temps que les pansements, les douceurs compatibles avec leur triste état. Nous puisons dans leur abondant approvisionnement, du plâtre, des châssis et des planchettes pour faire des appareils fixes au malheureux dont les membres sont brisés.

La cloche du départ se fait entendre et nous montons dans un fourgon garni de paille, en compagnie de six blessés prussiens sur lesquels un major nous prie de veiller pendant le trajet. L'un d'eux, qui a les jambes brisées par un éclat d'obus et qui est resté deux jours et deux nuits sur le champ de bataille, est atteint d'une fluxion de poitrine ; une toux incessante secoue sans relâche ce corps dévoré par la fièvre et que nous sommes, hélas ! impuissants à soulager.

Nous traversons Faulquemont, Saint-Avold, Forbach, de récente et lamentable mémoire ; voici Saarbruck, où s'est joué le premier acte de ce grand drame ; l'obscurité est profonde ; seuls, les appels des chefs de trains nous révèlent que nous traversons ce champ de notre première et dernière illusion, et nous éprouvons, à ne rien voir, un soulagement que je laisse au lecteur le soin d'analyser.

La gare est envahie par des marchands d'objets comestibles ; sur des tables improvisées ils détaillent du pain, du jambon, du bouillon, du saucisson, du beurre, des œufs, du café; ce n'est plus ici un pays envahi et épuisé, toutes les productions abondent, la frontière est franchie; à la Lorraine la famine et la ruine, et ce n'est pas encore pour elle le dernier mot de cette guerre!

A minuit, nous arrivons à Neukirchen et nous nous étendons jusqu'au matin sur le plancher de la salle d'attente; l'embranchement, que nous prenons au départ nous conduit à Mannheim et Carlsruhe. Nous dépassons Rastadt, qui a vomi sur nous les bataillons de Wœrth; quelques trains militaires emportent dans la direction de Saarbruck des régiments badois; ce sont vraisemblablement les derniers, car l'Allemagne a jeté sur nous tout ce qui était chez elle armé et équipé, et ces soldats sont les derniers que nous ayons rencontrés sur notre route.

De la station d'Appenweier, on distingue vers l'ouest d'épaisses colonnes de fumée, qui semblent s'élever du lit même du Rhin; c'est Strasbourg, mis en feu par les obus prussiens, qui riposte en incendiant Kehl. Nos cœurs se serrent douloureusement; il y en a bien peu d'entre nous qui n'aient des parents ou des amis enfermés dans la ville assiégée. Un officier badois nous annonce qu'une nouvelle armée de deux cent mille hommes de landwehr est en formation à Rastadt et doit traverser le Rhin dans huit jours pour aller rejoindre les sept cent mille soldats qui foulent déjà le sol de l'Alsace, de la Lorraine et des Vosges. Nos angoisses deviennent plus vives et prennent un caractère plus personnel à mesure que nous nous rapprochons de la haute Alsace. Nous interrogeons anxieusement ce laisser-passer énigmatique qui nous accorde le passage gratuit par l'Allemagne depuis Remilly jusqu'à Mulhouse; serait-il donc vrai que nos demeures soient aussi sous la loi du vainqueur? A Fribourg-en-Brisgau, où nous passons la nuit, personne ne peut nous renseigner à cet égard. Enfin, le premier train du matin nous emporte à Bâle, et, là, nous apprenons que les corps prussiens détachés de l'investissement de Strasbourg n'ont pas dépassé Schlestadt, dont ils ont commencé le siége. Un soupir de soulagement s'échappe de nos poitrines, toutes les fatigues sont oubliées, la tristesse elle-même s'efface comme pour laisser passage à un rayon d'espoir, et nous rentrons enfin à Mulhouse, cet humble petit coin de la terre où se trouvent nos affections, avec le sentiment d'un devoir accompli.

XII

DE MULHOUSE A REIMS.

Notre retour fut l'occasion d'un incident signifi-
catif que je passerais sous silence s'il n'était le témoignage d'une disposition générale commune à cette
époque à tout le pays et qui révèle un des côtés
faibles de notre caractère.

En descendant du train, nous trouvons quelques
amis qui venaient recueillir à la gare les indications
vagues que sème toujours dans les villes de province
l'arrivée d'un convoi, et dont les privait absolument
l'interruption complète des communications télégra-
phiques depuis la mise en état de siége des départements
de l'Est. Frappés de l'expression de découragement
qu'ils lisent sur nos visages, ils nous interrogent sur
les résultats véritables de la dernière bataille, livrée
le 18 août par Bazaine, et nous apprennent que le
gouvernement avait communiqué à la France entière
la nouvelle d'un échec meurtrier infligé, à cette date,

dans les carrières de Jaumont, au corps d'armée du
général Steinmetz. C'était là, en effet, la seule indication fournie au pays sur la grande bataille du 18, et
cette journée, qui avait eu pour résultat final de blo-
quer le maréchal Bazaine étroitement sous Metz et
d'ouvrir aux Prussiens la grande route de Paris, avait
été réduite par les communications officielles aux proportions d'un simple combat; le public, abusé par des
termes équivoques, devait le travestir en un avantage
marqué pour nos armes. Nous ne pouvons cacher notre
étonnement douloureux et, pressés de questions, nous
racontons ce que nous avons vu, l'immense champ
de bataille s'étendant depuis Sainte-Marie et Saint-
Privat jusqu'à Gravelotte, sur un développement de
dix kilomètres ; les points stratégiques commandant la
triple route de Metz à Verdun occupés par l'ennemi,
et nos blessés en son pouvoir ; nous affirmons que
nous n'avons point entendu parler des carrières de
Jaumont, ni par les blessés ni par les prisonniers
français, et nous exprimons l'opinion que, si elles ont
été le théâtre de pertes importantes pour l'ennemi, il
n'y faut voir, dans tous les cas, qu'un des incidents
de la lutte, bien plus grave, dont nous pouvons témoigner. Je ne dissimule pas personnellement mes
impressions formelles sur la puissante organisation de
nos ennemis et sur leur admirable discipline ; il me
semblait être un devoir et une nécessité pressante de
rendre hommage à la vérité en montrant notre adver-

saire tel qu’on pouvait l’observer de près, en lui attri-
buant sa valeur exacte, en ne cachant point ses rapides
progrès, et en faisant passer dans l’âme de ceux qui
nous écoutaient le sentiment que ce n’était plus l’heure
des illusions, qu’il fallait, au contraire, envisager en
face le danger commun, et que ce serait peut-être sous
les murs mêmes de Paris que se résoudrait la question.

Mais, sur la foi des dépêches ministérielles, on
croyait alors à des avantages importants, et nous sur-
prenions les cœurs en pleine espérance au moment où
nous leur présentions, au contraire, dans des conditions de certitude que personne ne songeait à récuser,
les nouvelles les plus alarmantes. En quelques heures
elles font le tour de la ville et s’exagèrent en passant
de bouche en bouche ; on nous accuse de semer le découragement, de paralyser le patriotisme des citoyens,
comme si ceux-là peuvent s’appeler citoyens qui ne savent point regarder en face les infortunes de la patrie !
Je vois encore l’accueil glacé de quelques âmes honnêtes, blessées par la dure vérité dans leur sentiment
national ; j’entends encore le mot de mauvais patriotes !
murmuré à mon oreille par un aveuglement que
j’excuse et que j’eusse peut-être, à cette époque, aveu-
glément partagé moi-même, s’il ne m’eût été donné de
voir et de toucher, hélas ! nos blessures saignantes.

Dans la soirée je fus prévenu, par un ami bienveil-
lant, que j’avais encouru la plus grave responsabilité
en répandant dans le public des nouvelles en contra-

diction absolue avec les communications officielles;
que, la ville étant en état de siége, il était difficile au
Parquet de fermer les yeux sur un incident aussi grave
et que j'agirais prudemment en prévenant des pour-
suites possibles par un entretien explicatif avec nos
magistrats. C'était un bon conseil; je n'ai qu'à me
féliciter de l'avoir suivi. Mes explications furent ac-
cueillies par notre sous-préfet, M. le baron J..., avec
la courtoisie dont il ne se départait jamais; je le lais-
sai suffisamment édifié sur la vérité et le cœur rempli
des plus cruelles appréhensions. L'incident n'eut donc
pas de suite, mais il m'a paru utile de le mentionner
comme une des manifestations de ce phénomène moral,
l'optimisme quand même, qu'on observe chez nous
aux heures de crise et qui est le fruit d'une fausse
éducation nationale. Il y a en nous une instinctive répu-
gnance à croire à nos infirmités; obstinés et lâches,
nous fermons les yeux pour pouvoir les nier; il est si
doux de s'endormir dans une confiance systématique,
si facile d'écarter avec irritation les fâcheux qui inter-
viennent pour nous signaler les progrès du mal! Il en
était ainsi dans ces jours d'anxiété; les hommes du
meilleur sens, aveuglés par leur douleur patriotique,
rejetaient, comme impossible, l'éventualité de notre
défaite; parler de nos revers semblait les provoquer;
signaler notre infériorité, c'était presque la désirer;
douter de l'issue de la lutte était le fait d'un mauvais
citoyen. Hélas! à ces cœurs sincères mais affolés d'an-

goisse par d’inflexibles réalités, il fallait à tout prix servir, sous peine d’être traité comme suspect, les espérances mensongères dont leur propre crédulité ne parvenait point à se payer. Lorsque, pour notre patrie, les événements se seront accomplis, chacun de nous aura servi le pays à sa manière; mais je doute que ceux qui auront prolongé ses illusions l’aient servi plus efficacement que ceux qui n’auront pas craint, au prix d’une éphémère popularité, de lui jeter le cri d’alarme.

Cette soif de confiance était telle que, deux jours après notre arrivée, les craintes étaient calmées; on parlait peu ou point de la bataille de Metz pour n’avoir pas à l’approfondir et toute l’attention se concentrait sur les nouveaux mouvements stratégiques. Le maréchal Mac-Mahon, renonçant à un plan de campagne qui pouvait, entre ses mains, sauver la France en lui laissant le temps d’organiser toutes ses ressources, venait d’incendier nos établissements du camp de Châlons et s’avançait, à la tête de la nouvelle armée improvisée par le général comte de Palikao, vers une destination inconnue, mais, à coup sûr, dans la direction du nord-est, avec l’évidente intention de dégager Bazaine.

Tandis que l’esprit public se recueillait dans l’attente des prochains événements, l’installation des ambulances locales se poursuivait avec activité. Pendant les trois semaines que notre petit groupe d’infirmiers volontaires avait consacrées à suivre les armées, le comité de Mulhouse avait rapidement organisé l’em-

ploi de ses ressources et, si la fortune de la guerre
n'eût point été contraire à nos armes, si nos blessés
n'étaient pas restés prisonniers aux mains de l'ennemi,
il n'est pas douteux que l'intendance militaire n'eût
choisi ce point pour en faire un dépôt important.

Dans ces heures de désolation nationale, au milieu
du naufrage de tant d'illusions, c'est du moins une
consolation que de voir briller au-dessus des découra-
gements et des faiblesses l'éternelle charité unissant
dans une ardente et commune activité tant de cœurs dé-
sunis sur tout autre point par le malheur. — Plus de
dissidences politiques sur ce terrain de la souffrance;
plus de considérations étroites, plus d'intérêts personnels mis en avant : un sentiment universel d'amour
du prochain pénétrait toutes les âmes, déliait toutes
les bourses. Ce ne furent pas seulement les villes de
l'Est, ce ne furent pas seulement la France et la
Prusse, mais le monde entier qui scella de son of-
frande le pacte d'humanité, pacte tant de fois violé par
la fureur des gouvernants, tant de fois sanctionné par
le bon sens des peuples, pacte compromis hier encore
par une déclaration de guerre insensée et s'affirmant
une fois de plus au profit des blessés par un élan universel de charité. C'est ainsi que la conscience individuelle semblait alors vouloir protester contre les haines
internationales et répudier toute solidarité avec ceux
qui dénoncent, le cœur léger, pour me servir d'une
expression restée célèbre, des guerres formidables. Si,

depuis lors, la lutte a changé de caractère, et si le sang versé pour notre intégrité menacée a fait germer en nous une haine nouvelle, du moins les élans communs qui, au début de la guerre, confondirent amis et ennemis dans une même pensée d'humanité, seront-ils invoqués dans l'avenir, par ceux qui écriront l'histoire, comme un progrès philosophique de l'esprit public.

Le cadre de ce récit ne me permet pas d'entrer dans le détail de tout ce qui fut ainsi préparé ou improvisé; il faudrait relever les sommes versées au Trésor, à la Société française de secours, aux ambulances de la Presse; il faudrait, dans ces chiffres, établir la part pour laquelle ont contribué les États-Unis, l'Angleterre, la Belgique, la Suisse, l'Italie, les Colonies; c'est là un travail statistique du plus grand intérêt qui sera, nous n'en doutons pas, entrepris par quelque esprit patient, soucieux d'examiner si les résultats obtenus par les ambulances ont été en rapport avec l'importance des ressources que leur a fournies, avec un si louable empressement, la charité publique.

Réduit à l'impuissance par la captivité de nos blessés, rigoureusement internés dans les lignes prussiennes, le comité de Mulhouse dut se borner à envoyer des bras et des secours en nature sur les points occupés par l'ennemi où il y avait encombrement de blessés. Les localités les plus rapprochées étaient Haguenau, Bischwiller et Soultz. Plusieurs de nos concitoyens étaient encore à Haguenau; quelques-uns, fatigués par le pénible travail des ambulances, revenaient parmi nous, d'autres allaient prendre leur place; mais ce va-et-vient, semé de difficultés et rendu fort irrégulier par les dispositions rigoureuses des généraux prussiens, ne nous permettait de transmettre à nos blessés que des secours insignifiants. La détresse était grande dans ces malheureuses contrées ravagées par le passage violent de tant de milliers d'hommes : Haguenau, l'une des plus riches communes de France, avait été frappée d'une contribution de guerre qui avait épuisé ses ressources disponibles; encombrée de blessés, écrasée chaque jour par de nouvelles réquisitions en nature de tout genre, la ville avait dû songer à contracter un emprunt garanti par sa richesse foncière; mais, dans une pareille tourmente, les conditions proposées par les banques de la Suisse ou de l'Allemagne n'avaient plus de mesure; le projet d'emprunt était donc encore, à cette époque, tout au moins ajourné et le patriotisme des habitants de Haguenau pouvait seul faire face aux difficultés de cette inexorable situation.

Quant à Bischwiller, commune pauvre, la première contribution de guerre avait suffi à épuiser tous ses moyens, et ses ressources matérielles furent rapidement absorbées par les cinq ou six cents blessés qui se renouvelaient sans interruption à mesure que s'effectuaient les évacuations sur l'Allemagne. Dans les derniers jours du mois d'août, la commune était épuisée; le comité de secours de cette localité envoya un ses

membres à Bâle pour y solliciter une assistance pécu-
niaire que M. le vicomte de Flavigny, délégué de la
Société française pour le Bas-Rhin, retenu prisonnier
à Haguenau, était impuissant à lui donner ; réduit, en
effet, lui-même au plus complet dénûment, privé de
toutes communications avec Paris, M. de Flavigny
venait de se voir interdire, par une rigueur récente,
les communications avec Strasbourg, où il lui eût été
possible de puiser, pour venir en aide à Bischwiller,
sur un fonds de cent mille francs que la société française de secours avait réussi à y introduire, vingt-quatre
heures avant le blocus. La malheureuse commune de
Bischwiller ne fût guère plus heureuse à Bâle, où l’on
ne put disposer en sa faveur que d’un Subside insignifiant. Son délégué vint donc à Mulhouse ; mais,
inconnu du comité, n’ayant aucune lettre qui l’accré-
ditât près de nous, sa demande échoua devant la règle
impérieuse que le comité s’était imposée de pouvoir
justifier ses subsides. Le délégué de Bischwiller prit le
parti, quelques jours après, de se rendre à Paris et
de s’adresser directement à la Société française ; il en
obtint une somme de trois mille francs ; quelque minime
que fût ce secours, il lui permit de se rendre à Rastadt,
seul point où la basse Alsace eût liberté de se ravitailler
et d’y acheter à prix d’or les objets de première nécessité pour les ambulances de Bischwiller.

Je m’étends à dessein sur le détail de ces difficultés,
de ces misères, pour que ceux qui n’ont pas subi l’in-

vasion puissent se faire une idée exacte des souffrances et du dénûment qu'elle entraîne. Tous les tableaux qu'on en peut faire sont au-dessous de la vérité, parce que la plume se lasse d'enregistrer toutes les douleurs, parce qu'elle est inhabile à les analyser. Nous n'étions point nous-mêmes, à cette époque, envahis par le vainqueur, la haute Alsace était encore libre ; mais les souffrances de nos frères du Bas-Rhin étaient déjà les nôtres, et c'est bien certainement un des sentiments les plus douloureux que celui que nous éprouvions tous alors, le sentiment de notre impuissance à soulager la misère de nos blessés ; nous les savions à quelques lieues de nous seulement, en proie à toutes les privations, à la douleur physique, aux défaillances morales du vaincu, et nous, abondamment pourvus de tout ce qui leur manquait, le cœur tendu vers eux, nous si près de leur infortune, un mur infranchissable, la loi du vainqueur, nous en séparait.

Sous cette impression commune à tous les cœurs alsaciens, il fut facile de faire un nouvel appel au bon vouloir de nos concitoyens et de constituer un second groupe d'infirmiers volontaires pour reprendre, à la suite de nos armées, la campagne hospitalière. A l'issue d'une réunion dont l'objet était de donner la narration succincte de notre première étape, seize volontaires prirent l'engagement de partir au premier signal. L'expérience nous ayant démontré que, sur un champ d'action, il était essentiel de se fractionner pour pro-

duire plus, on convint de se diviser en deux escouades
de huit infirmiers, chacune ayant à sa tête un médecin
et un fourrier; ce détail d'organisation n'était pas sans
importance, car, à n'en pas douter, les deux escouades
devaient être appelées à agir isolément l'une de l'autre.
Quelques volontaires de la première étape revinrent à
l'appel; les autres, retenus par des obligations de famille ou de position, eurent le regret de ne pouvoir
nous accompagner. Le 28 août, nos deux escouades
étaient organisées, munies d'une provision suffisante de
médicaments, de linge et de civières d'un modèle spécial, réduites aux dernières limites de légèreté, pouvant
se rouler comme un drapeau, assez maniables en un
mot pour que chacun pût en porter une sans fatigue,
indépendamment de son sac de voyage et de son chargement de route.

Le temps pressait; — on avait le sentiment qu'une
action grave et décisive allait s'engager au premier
jour. Les derniers bulletins transmis aux départements
par le ministère de la guerre avaient accusé d'importantes concentrations au camp de Châlons, et chacun
pensait que nous attendions l'ennemi dans ces positions,
étudiées et préparées depuis tant d'années, lorsque sur-
vint la nouvelle que le maréchal Mac-Mahon se dirigeait à marches forcées, par Reims et Laon, sur les
Ardennes. Cette marche était audacieuse; déjà l'armée
du prince royal, averti ou inquiet de nos mouvements,
était en force à Vouziers, avec ses avant-postes autour

de Rethel. Il menaçait ainsi le flanc de l'armée française, qui, pour se dérober, avait dû faire un coude et passer par Laon, Vervins, Hirson et Mézières, afin de tendre la main, du côté de Sedan et de Montmédy, à l'armée de Bazaine rejeté sous Metz par la défaite de Saint-Privat. Elle était donc ouverte cette campagne désastreuse qui devait engloutir la dernière armée française! A qui incombe la responsabilité de cette résolution fatale? Les révélations des derniers mois ne laissent plus aucun doute à cet égard; elles nous peignent les poignantes et clairvoyantes perplexités du maréchal Mac-Mahon, sa résistance à l'adoption d'un plan dont l'inspiration n'était plus de sauver la France mais de sauver l'Empire; elles témoignent de la netteté avec laquelle il annonçait, en se résignant, les désastres auxquels il allait s'exposer, et, si la fermeté de son caractère a sombré devant les ordres positifs que lui transmit le ministère de la guerre, du moins son honneur est sans tache; victime au commencement, victime à la fin, il a obéi en soldat, il a combattu en soldat, il est tombé en soldat; si sa gloire s'est éclipsée sous les coups d'une infortune qu'il n'avait pas préparée, du moins elle reste pure et la France honore en lui un grand vaincu, une grande victime.

Pour sa justification, l'histoire conservera les documents qui suivent et qui doivent trouver leur place en ce récit :

13.

« Camp de Châlons, 19 août 1870, 3 h. 35 soir.

« *Maréchal Mac-Mahon à maréchal Bazaine, Metz.*

« Si, comme je le crois, vous êtes forcé de battre en retraite très-prochainement, je ne sais, à la distance où je me trouve, comment vous venir en aide sans découvrir Paris. Si vous en jugez autrement, faites-le-moi connaître. »

« Le Chesne, 27 août 1870, 3 h. 25 soir.

« *Maréchal Mac-Mahon au commandant supérieur de Sedan.*

« Je vous prie d'employer tous les moyens possibles pour faire parvenir au maréchal Bazaine la dépêche suivante :

« *Le maréchal Mac-Mahon, au Chesne, au maréchal Bazaine.*

« Maréchal Mac-Mahon prévient maréchal Bazaine que l'arrivée du prince royal à Châlons le force à opérer, le 29, sa retraite sur Mézières, et de là à l'Ouest, s'il n'apprend pas que le mouvement de retraite du maréchal Bazaine soit commencé. »

« *Maréchal Mac-Mahon à Guerre, Paris.*

« Le Chesne, 27 août 1870, 8 h. 30 soir.

« Les 1re et 2e armées, plus 200,000 hommes, bloquent Metz, principalement sur la rive gauche ; une force évaluée 50,000 hommes serait établie sur la rive droite de la Meuse pour gêner ma marche sur Metz. Des renseignements annoncent que l'armée du prince royal de Prusse se dirige aujourd'hui sur les Ardennes avec 50,000 hommes; elle serait déjà à Ardeuil. Je suis au Chesne avec un peu plus de 100,000 hommes. Depuis le 9 [1] je n'ai aucune nouvelle de Bazaine; si je me porte à sa rencontre, je serai attaqué de front par une partie des 1re et 2e armées, qui, à la faveur des bois, peuvent dérober une force supérieure à la mienne; en même temps attaqué par l'armée du prince royal de Prusse me coupant toute ligne de retraite. Je me rapproche demain de Mézières, d'où je continuerai ma retraite, selon les événements, vers l'Ouest. »

Il était impossible d'apprécier avec plus de lucidité la réalité de la situation, et l'empereur, qui conservait encore le commandement, ainsi qu'il résulte de tous les témoignages et de tous les documents recueillis, ne pouvant constater les déductions du maréchal, inclinait sans doute à la retraite, lorsqu'il reçut la dépêche suivante :

« *Guerre à Empereur, quartier impérial.*

« Paris, le 27 août 1870, 11 h. soir.

« Si vous abandonnez Bazaine, la révolution est dans Paris et vous serez attaqué vous-même par toutes les forces de l'ennemi. Contre le dehors Paris se gardera. Les fortifications sont terminées. Il me paraît urgent

1. Cette date doit vraisemblablement être remplacée par celle du 19, époque à partir de laquelle les communications du maréchal Bazaine furent interrompues.

que vous puissiez parvenir jusqu'à Bazaine. Ce n'est pas le prince royal de Prusse qui est à Châlons, mais un des princes, frère du roi de Prusse, avec une avant-garde et des forces considérables de cavalerie. Je vous ai télégraphié ce matin deux renseignements qui indiquent que le prince royal de Prusse, sentant le danger auquel votre marche tournante expose et son armée et l'armée qui bloque Bazaine, aurait changé de direction et marcherait vers le nord. Vous avez au moins trente-six heures d'avance sur lui, peut-être quarante-huit heures. Vous n'avez devant vous qu'une partie des forces qui bloquent Metz et qui, vous voyant vous retirer de Châlons à Reims, s'étaient étendues vers l'Argonne. Votre mouvement sur Reims les avait trompées. Comme le prince royal de Prusse, ici tout le monde a senti la nécessité de dégager Bazaine, et l'anxiété avec laquelle on vous suit est extrême. »

« *Guerre à maréchal Mac-Mahon, au quartier général.*

« Paris, le 28 août 1870, 1 h. 30 soir.

« Au nom du conseil des ministres et du conseil privé, je vous demande de porter secours à Bazaine en profitant des trente heures d'avance que vous avez sur le prince royal de Prusse. Je fais porter le corps Vinoy sur Reims. »

Ces dépêches étaient décisives; ne voulant pas succomber sous la révolution dans Paris, l'Empire préféra succomber à Sedan en nous entraînant dans sa chûte.

Ce fut un télégramme officiel qui laissa entrevoir aux provinces de l'Est, dans la matinée du 30 août, le nouveau plan de campagne imaginé par nos généraux.

Les dépêches laissant comprendre que Mac-Mahon était en marche depuis plusieurs jours, il n'était pas douteux que le choc ne fût imminent, et notre unique préoccupation était d'arriver trop tard pour le service que nous nous proposions. Nous quittâmes donc Mulhouse le même jour, à trois heures du soir. L'occupation de Chaumont et de Troyes par un corps prussien nous obligea à passer par la ligne de Lyon pour reprendre à Paris les voies férrées de l'Est. Arrivés à Dijon au milieu de la nuit, nos premières impressions de cette seconde étape ne furent point heureuses; nous nous retrouvions, en effet, au milieu de soldats de toute arme, en désordre, avinés, ne sachant où rejoindre leur corps et rien moins que soucieux de le retrouver. Le mal était chronique et nos premières épreuves étaient insuffisantes encore à ranimer le sentiment du devoir.

En débarquant à Paris, notre premier soin fut de nous rendre à la gare du Nord. Il n'y avait plus de convois réguliers; les trains militaires pouvaient seuls circuler sur la ligne; on nous promit, sur la présentation de nos feuilles de route, de nous faire partir par un convoi du soir.

Je me rendis dans la journée au palais de l'Industrie, où était le siége de la Société française de secours aux blessés, et j'y trouvai auprès du président, M. le comte de Flavigny, un accueil cordial, empressé même, de la part de quelques-uns des membres du comité qui siégeait en permanence, car le sort de la guerre avait encore permis à bien peu de ceux qui ont assisté à nos désastres d'en rendre compte. A M. de Flavigny je donnai des nouvelles récentes de son fils, dont il n'avait plus entendu parler depuis la date néfaste du 6 août. A l'un des amis de M. le comte de Saint-Sauveur, qui demandait en tremblant de ses nouvelles, il fallut bien avouer qu'il avait trouvé une mort glorieuse sur le champ de bataille; à M. le marquis de Vogué, dont le plus jeune fils, aide de camp du maréchal Mac-Mahon, avait succombé à Frœschwiller, et qui s'informait, d'une voix émue, si le corps de son fils avait pu être retrouvé, j'eus le regret de confirmer que toutes les recherches avaient été vaines.

En prenant congé du comité, je lui remis une lettre résumant les résultats effectifs obtenus par notre groupe de huit infirmiers, qui comptait dans ses rangs un chirurgien; en voici textuellement les chiffres :

150 enlèvements de blessés sur le champ de bataille;
900 pansements;
  4 amputations;
 24 extractions de balles ou d'éclats d'obus;
 70 expéditions de lettres aux parents des officiers
       blessés.

Cette lettre contenait, en outre, quelques observations que notre première étape nous avait suggérées sur le fonctionnement utile des ambulances et de leur personnel en campagne. Je signalais la nécessité d'organiser des escouades d'infirmiers agissant isolément, spécialement destinées à se jeter sur le champ de bataille à l'heure même où la lutte se termine; de restreindre le personnel de chaque escouade à huit ou dix infirmiers tout au plus, ce fractionnement ayant l'avantage de ne point inquiéter les corps militaires qu'ils traversent et de répartir les secours sur les dix ou douze villages ou hameaux qui se trouvent généralement compris dans le périmètre d'une grande bataille; enfin de renoncer à l'uniforme, qui, de loin, donne au groupe un aspect militaire, éveille la défiance et suscite des entraves, ainsi que nous l'avions constaté en Lorraine. Ces observations ne sont point absolues, et si elles ne peuvent s'appliquer aux champs de bataille que nous avons vus depuis lors sous les murs de Paris, elles n'en subsistent pas moins pour tout combat livré loin d'une grande ville.

Paris était dans une attente fiévreuse; on interrogeait avidement les pâles bulletins affichés par l'autorité et qui toujours se résumaient par cette phrase invariable : « L'armée exécute un mouvement important; elle occupe de bonnes positions »; ce style équivoque ne pouvait leurrer la sagacité de l'esprit parisien et, sans rien connaître des combats du 30 et du 31 août, la population avait cependant le pressentiment que l'action était engagée dans des conditions défavorables pour nos armes.

C'est sous cette impression que nous prenons la route des Ardennes. Le train militaire avec lequel nous nous éloignons de Paris doit aller jusqu'à Rethel. Près de Dammartin, nous voyons, dans la nuit qui couvre la plaine, un immense incendie se refléter en teintes sanglantes sur le ciel sombre et, malgré nous, nos esprits se reportent sur le souvenir de Saint-Privat en flammes. Le voyage se continue silencieux jusqu'à Reims, où le chef de gare nous apprend que les Prussiens sont en force à Rethel, que la voie est coupée et qu'il est impossible de s'aventurer au delà de Reims. Privés de toute indication et n'en pouvant plus trouver dans la ville endormie, nous remettons au lendemain matin le choix de la direction à suivre. La cloche grave de la cathédrale sonne la première heure du 1er septembre. C'est là que, en des jours plus heureux, chevauchant à la droite du roi Charles VII, Jeanne d'Arc vint rendre grâce à Dieu du salut de la France.

XIII

LAON.

Le plan que nous nous proposions d'exécuter, en partant de Mulhouse, était, en apparence, de la plus grande simplicité : il se bornait à rejoindre par Paris l'armée française en marche vers le nord-est et de la suivre, d'aussi près que possible, dans ses divers mouvements ; mais dans l'exécution de ce plan nous nous attendions à rencontrer les plus grandes difficultés. Il ne faut pas croire, en effet, qu'il soit aussi facile de suivre une armée qu'il est simple de l'exprimer ici en trois mots ; et c'est une entreprise parfois inexécutable pour de simples infirmiers civils, nullement familiarisés avec les mouvements de troupes, inhabiles à saisir les indices qui révèlent les projets d'un général en chef, vus avec plus de défiance que de faveur par l'élément militaire, n'ayant pas l'habitude des marches forcées et n'étant enfin soutenus que par la ferme volonté de faire un peu de bien.

Les mouvements préliminaires de concentration des armées sont plus ou moins rapides ; ils sont généralement entremêlés d’engagements d’avant-gardes, quelquefois de combats sérieux dans lesquels chacun cherche le côté faible de son ennemi , ou dispute une position dont l’importance est prévue pour le jour de la grande lutte. Or le premier souci de l’infirmier civil doit être de se trouver, à l’heure utile, à ce point d’intersection qui sépare les deux armées en présence ; il n’a, pour se guider, que le son du canon et bien souvent il peut lui arriver de suivre un corps destiné à opérer une feinte, à s’écarter sensiblement du gros de l’armée. Comme un nageur engagé dans un courant dont il n’a pas conscience et qui le fait dériver, l’infirmier est tout étonné d’apprendre, vingt-quatre heures trop tard, que son véritable objectif est à dix lieues de lui ; il a suffi d’un vent défavorable pour l’empêcher d’entendre le canon qui, la veille, a tonné toute la journée sans relâche. Désolé, presque honteux, il cherche en vain un char ou un cheval, les réquisitions ont tout pris ; il part à marches forcées, il court ; le soir il touche presque au but ; mais la nuit est venue, vedettes, grand’gardes, avant-postes, font au champ de bataille une ceinture dans laquelle il serait insensé de s’engager la nuit et d’exposer stérilement sa vie aux hasards de la balle destinée au maraudeur ou à l’espion. Découragé, il attend, et cette pensée l’obsède que, le lendemain matin, il y aura déjà quarante-huit heures que les blessés sont étendus sur la terre, implorant du ciel ou des hommes un secours qui n'est pas réservé à tous.

Si, plus heureux dans ses prévisions, l'infirmier ne s'est point laissé entraîner à la suite d'un corps condamné à une inaction relative, s'il peut arriver à cette heure solennelle où la grande voix du canon se tait, où le silence et les premières ombres de la nuit s'entendent pour voiler aux survivants le hideux travail de la journée, alors il recueille le fruit de ses fatigues; ses forces sont triplées, cette fièvre d'activité et d'ardente charité, dont j'ai déjà parlé, le dévore et, dans le sentiment d'une seule vie qu'il pourra sauver, il trouve la force physique d'un athlète et l'énergie morale nécessaire pour envisager l'horrible sans défaillir. Non! il n'est pas de joie comparable à celle que donne ce cri intérieur : *il* me devra la vie! Il n'y a pas de récompense qui vaille le tressaillement qu'on éprouve à voir couler les larmes reconnaissantes d'un blessé, pas d'honneur qui surpasse celui d'avoir reçu en dépôt la dernière pensée d'un mourant. Dormez en paix, héros obscurs de Wœrth et de Saint-Privat! Vos amis d'un jour, les compagnons de votre dernière heure ont rempli le devoir sacré de transmettre votre touchant adieu à ceux que vous aimiez en ce monde.

Le 1ᵉʳ septembre au matin, nous nous trouvions donc à Reims, très-perplexes sur le choix de notre direction. Tourmentés par la pensée que nous pouvions arriver trop tard, nous inclinions d'abord à partir à pied pour Rethel, par les sentiers raccourcis, connus des gens du pays ; mais, menacés de retomber dans les lignes prussiennes, où nous nous étions volontairement internés déjà pendant trois semaines, nous nous sentions invinciblement attirés vers le nord-est où nos cœurs suivaient avec anxiété l'armée française, et nous prîmes le parti de nous diriger sur Mézières par le premier convoi militaire en partance. Nous avions espéré retrouver à Reims quelques-uns de nos compatriotes qui nous y avaient précédés de huit jours ; mais, partis isolément, n'ayant pas de direction commune, ils s'étaient divisés : les uns étaient à Rethel, les autres à Mézières, et les événements ne devaient plus nous permettre de les rejoindre.

La matinée fut employée à faire quelques visites aux membres du comité local de Reims ; qu'il me soit permis de donner, en passant, un témoignage de reconnaissance à M. le pasteur Paumier, à M. le président du tribunal, Julien, et à Mme Wehrlé pour leur cordial accueil et leur empressement à nous combler du matériel qui nous manquait.

En traversant la ville pour nous rendre à la gare, nous croisons un corps dont nous admirons la belle tenue : ce sont les gendarmes de tous les cantons à dix lieues à la ronde ; ils ont reçu l'ordre de se replier sur Reims, où ils s'organisent par compagnies. Leur

calme contraste avec le bourdonnement de nos jeunes
troupes ; ce sont là de vrais soldats, dignes et discipli-
nés ; à un indéfinissable mélange de résignation et de
fermeté on devine que plusieurs d'entre eux viennent
de s'éloigner d'êtres qui leur sont chers, mais que le
devoir et l'honneur les trouveront fidèles. En ces
temps-ci, ce stoïcisme est un spectacle rare ; nous nous
éloignons, songeurs et pleins de respect pour ces
braves gens, nous promettant de ne point passer sous
silence l'unique impression favorable que nous ayons
encore éprouvée, à l'aspect de troupes françaises, et ce
n'est pas sans plaisir que je leur consacre ici quelques
lignes.

Nous trouvons à la gare la neuvième ambulance
parisienne, en quête, comme nous, d'indications, e
fort incertaine sur la route à parcourir. Il y avait là
trois frères dominicains, les mieux portants, les plus
réjouis, les plus spirituels que les Ordres aient pu
sanctifier depuis le joyeux curé de Meudon. Pleins de
bonté, tolérants pour les intempérances de langue,
serviables, gais conteurs dans la bonne mesure, ils
avaient toutes ces qualités aimables par lesquelles, de
tout temps, les bons frères se sont fait pardonner leurs
appétits tyranniques, et je garderai toujours le souvenir de nos bonnes et trop courtes relations.

Avant de quitter Reims, je recueille et je note les
détails d'un curieux épisode : dans un combat d'avant-
garde, livré dans les derniers jours d'août près de la

ferme impériale de Cuperly, un jeune officier prussien, gentilhomme, fils d'un juge de N..., en Silésie, atteint de trois blessures graves, fut relevé par nos ambulances et transporté à Reims, où il fut entouré des soins les plus touchants. Mais une de ses blessures était mortelle ; élevé dans la religion luthérienne, il demanda et reçut la visite et les consolations du pasteur protestant ; après trois jours d'horribles souffrances, il mourut courageusement, en soldat. On lui rendit les honneurs militaires, un grand nombre d'officiers français suivit son convoi et la ville entière s'apitoya sur cette cruelle destinée. Après la cérémonie funèbre, on recueillit ses vêtements, et dans ses poches on trouva, j'en donne l'inventaire exact :

Quatorze thalers ;
Une épaulette française ;
Un bonnet de nuit de femme ;
Un carnet, sur lequel on lut avec stupeur les notes suivantes :

« Déposé à... un cachemire, pris au château de... (France), plus une bague en diamants, de même provenance ; le tout destiné à ma fiancée. »

« Avouez, me dit un gros homme, que des Français n'agiraient point ainsi.

— Certes, lui dis-je, ce n'est pas le fait d'un Français ; mais ne pensez-vous pas que, dans toutes les classes et dans tous les pays, il peut se trouver des aventuriers dont le crime isolé ne saurait ternir l'honneur d'un drapeau? Pouvez-vous accuser tout un peuple?... »

Un flot de défiance et d'indignation empourpra le visage de mon interlocuteur, et j'allais sans doute avoir encore à justifier de mon patriotisme, lorsque la cloche, en sonnant le départ, vint à propos m'en dispenser. J'étais loin de penser alors que le système effronté de déprédations qu'allaient inaugurer nos ennemis en pénétrant dans le cœur de la France se chargerait de donner pleinement raison à mon interlocuteur.

A sept heures du soir, nous voyions se dessiner sur l'horizon le plateau au sommet duquel se trouve Laon, avec sa bizarre cathédrale, sa citadelle et ses vieilles murailles grises qui ont abrité les libertés de la première commune de France. Les souvenirs glorieux dont cette ville peut à bon droit s'enorgueillir nous pénétraient, et nous songions que « noblesse oblige! » L'image de la vieille cité nous apparaissait drapée dans son passé héroïque, inébranlable dans son honneur comme le roc qui la supporte. Rêve évanoui! huit jours plus tard, sans avoir reçu un boulet, sans avoir brûlé une cartouche, la première des communes de France abdiquait sa couronne entre les mains du duc de Mecklembourg et prenait place au dernier rang.

A la gare de Laon, des ordres militaires arrêtent notre train; sur les quais, des intendants vont et viennent. J'ai la bonne fortune d'entrer en conversation avec **M.** l'intendant général Robert. Son esprit élevé, ses aperçus prophétiques quand il examine les chances de la guerre, son bon sens pratique quand il nous explique les lacunes et les faiblesses de notre intendance, son érudition quand il invoque un fait historique ou quelque donnée de la science, nous charment et nous font trouver trop courts les moments passés près de lui. Au milieu des plus cruelles appréhensions, il conserve la fermeté sereine de l'homme de bien; sa fille et son gendre sont enfermés dans Metz, où, dit-on, règne le typhus; mais les responsabilités administratives tiennent la première place dans son âme, il ne songe point à se plaindre, il parle en termes sobres du devoir et il le remplit simplement. Je m'arrête volontiers sur ce souvenir, il nous semblait être en présence d'un de ces vrais citoyens, tel qu'il nous en aurait fallu beaucoup pour prévenir nos désastres, et s'il m'eût été possible d'avoir quelques illusions sur l'organisation de notre intendance, les aveux douloureux de cet esprit honnête les eussent promptement dissipées [1].

A minuit, sur de nouveaux ordres, notre convoi s'ébranle dans la direction de Mézières; mais, à Marles,

---

1. J'ai vu, dans les bulletins de l'armée de la Loire, l'intendant général Robert figurer comme chargé de l'organisation de l'intendance; son esprit critique et indépendant, mal vu sous le précédent régime, devait inévitablement le désigner au choix du nouveau gouvernement, et je ne mets pas en doute qu'il n'ait eu lieu de s'en féliciter.

un télégramme de l'autorité militaire lui enjoint de ne
pas aller au delà. Nous passons paisiblement la nuit
dans un fourgon à bagages, et le lendemain, dans la
matinée, survient l'ordre définitif de rétrograder sur
Laon, où se forme un petit corps d'armée. L'intendant
général, privé de ses ambulances, nous engage, ainsi
que la neuvième ambulance de Paris, à camper avec
les troupes, en prévision de mouvements offensifs de
l'ennemi et d'engagements sous les murs de Laon.
Nous montons dans la ville pour y acheter quelques
vivres, et, renonçant au gîte qu'on nous offre à l'ancien
séminaire, nous nous installons, pour la nuit, sur des
bottes de paille fraîche, dans le grenier d'une raffinerie
voisine de la gare; les troupes sont campées tout autour. Il faut avoir passé plusieurs nuits sur le plancher
de fourgons mal clos pour apprécier le bien-être qu'on
éprouve à s'étendre sur un moelleux lit de paille, dans
une chaude couverture, à l'abri d'un bon toit; aussi
savourons-nous consciencieusement cette jouissance.
Après quelques-uns de ces joyeux et menus propos
sans lesquels un bon Français ne croit pas pouvoir
s'endormir, le silence se fait sous ce toit hospitalier,
et bientôt on n'entend plus que le bruit régulier de
respirations et le crépitement des brins de paille sous
la dent des souris dont nous avions troublé la quiétude.

La journée du 3 septembre s'écoula tout entière sans
qu'il nous parvînt aucune nouvelle des événements qui
s'accomplissaient à la frontière; toutefois, dans la soi-

rée, le bruit vague se répandit que le maréchal Mac-Mahon avait reçu une blessure grave et que nous reculions devant l'ennemi; ce qui semblait confirmer cette rumeur c'est que les convois arrivant de Paris ne dépassaient plus la gare de Laon et que de nombreux trains, revenant de Vervins, ramenaient plusieurs bataillons d'infanterie de la brigade Maudhuy; ces soldats dressaient leur tente sous ces beaux ormeaux dont la ville se fait, en été, une fraîche ceinture de verdure et d'ombre; au coucher du soleil, six batteries d'artillerie venaient camper près de la raffinerie et le bruit se répandait que Laon se préparait à la résistance. Bien qu'on ne sût rien de précis, le maintien des officiers, la confusion et le manque d'ordre, enfin quelques propos échappés aux officiers supérieurs, donnèrent à la ville comme le pressentiment d'un malheur; une foule d'habitants se précipitèrent vers la gare; ce fut bientôt un encombrement de colis, de voyageurs empressés, effarés, consultant l'horizon comme si les minutes de leur salut étaient comptées, se communiquant mutuellement leur épouvante. Il fallut toute la nuit pour expédier leur troupe tremblante et nous bénissions leur départ en pensant qu'il ne restait plus que des braves! La soirée fut longue et soucieuse; la cavalerie manquait pour battre la campagne, et le télégraphe gardait un silence obstiné. Enfin, le 4 septembre, à notre réveil, nous apprenions tout à coup l'immense désastre de Sedan.

Il est des douleurs profondes qu'on n'analyse point; tout ce qu'on sait, c'est qu'un grand malheur vous frappe, c'est qu'il n'y a plus d'espoir, et, comme dernière affirmation que la pensée n'est point complétement éteinte, on éprouve le vague désir d'éterniser cette nuit blafarde dans laquelle elle flotte au hasard. A ceux qui ont alors entrevu la honte et la ruine de la patrie, il est inutile de rappeler plus longtemps le déchirement qu'ils ont éprouvé. Tout était donc perdu! Cette armée, notre suprême effort; l'héroïque vaincu de Frœschwiller, notre espérance obstinée; la fortune et l'honneur de la France, cette foi fidèle de notre jeunesse; tout cela sombrait à la fois comme en une gigantesque tourmente! Ah! que nous importait cette figure sinistre à demi noyée dans le funèbre brouillard du Deux-Décembre et dans la buée sanglante de Sedan! l'honneur de la nation s'abîmait dans une ignominie sans précédents! O Patrie!...

Une morne tristesse s'était emparée de chacun de nous; toutes les voies étant coupées, nous ne songions plus à gagner ce nouveau champ de désolation; aux trois jours déjà écoulés il eût fallu ajouter encore trois jours au moins de marches forcées à travers la campagne; nous serions arrivés trop tard pour le service auquel nous nous étions voués; le plus sage était de nous attacher pour quelques jours à la fortune des troupes, concentrées sous les murs de Laon. J'engageai donc les plus jeunes de nos compagnons à prendre immédiatement le seul parti qui pût convenir à de Français, celui de s'armer pour la défense du pays. La seconde moitié de notre groupe, quoique se réservant pour le même devoir, se résigna à prolonger son séjour à Laon pour recevoir et soigner les écloppés ou les blessés de la division Vinoy. Arrivé tardivement à Mézières, ce corps d'armée n'avait pu prendre part à la lutte et battait en retraite, vivement poursuivi par l'ennemi qui cherchait à le gagner de vitesse. Ces résolutions prises, nous nous séparâmes silencieusement et douloureusement de nos compagnons qu'un train rapide emportait vers Paris.

Dans la matinée du 4 septembre, un télégramme du général Vinoy annonça son arrivée à Marles, station située à quinze kilomètres de Laon; le général demandait qu'on lui envoyât du pain pour ses soldats, de l'avoine pour sa cavalerie et des wagons vides pour les écloppés. On forme immédiatement un train spécial; l'intendance militaire fait charger de pain trois wagons; elle y joint deux wagons d'avoine et un wagon chargé de sucre, de café et d'eau-de-vie. Nous nous préparons à partir par ce train pour aider, à Marles, au chargement des blessés, lorsque pénètre en gare un train qui ramène quelques débris d'artillerie de Sedan et des blessés de la bataille de Saint-Privat. On s'empresse autour des artilleurs, mais le malheur ne les rend pas communicatifs et nous n'en pouvons obtenir aucune sorte de renseignements.

A midi, le train de subsistances, destiné au général Vinoy, laisse la gare de Laon et nous débarquons, à une heure, à la station de Marles, située à un kilomètre et demi du village dont elle porte le nom. Vous pensez sans doute, lecteur, que, de ce convoi important par sa destination puisqu'il se porte, sur la demande pressante d'un général, à la rencontre et au secours d'une armée en retraite, vous pensez qu'il va descendre un intendant, peut-être un sous-intendant, tout au moins un humble commis d'intendance ; nous partagions votre erreur et nous attendions patiemment sur le quai l'apparition de ce fonctionnaire. Ne voyant paraître personne, nous visitons tous les wagons ; le train est absolument vide. Nous fouillons tous les bâtiments de la gare ; ils sont déserts ; nous cherchons vainement une sentinelle ; et cependant l'ennemi est à quelques kilomètres de là ! Seul être humain que porte le convoi, perdu comme nous dans cette solitude, insouciant sur sa machine, le chauffeur ébauche un sourire sceptique et railleur. La division Vinoy est probablement campée sur l'autre versant du coteau de Marles, car on n'entend pas un bruit, on ne voit pas un soldat. Personne, il est vrai, ne nous a donné mission à Laon d'aller trouver le général ; mais les moments sont précieux, il n'y a point à hésiter, substituons-nous pour quelques heures à l'intendance.

En gravissant la route qui mène à Marles, nous nous demandons comment le général, qui a sollicité un

14.

envoi de subsistances, n'a pas songé à envoyer à la gare quelques soldats pour les recevoir. Est-ce donc que l'intendance, quoiqu'elle dispose encore du fil télégraphique, ait oublié de répondre au général et de l'aviser du départ du convoi réclamé ? En nous posant naïvement ces questions, nous arrivons au milieu de Marles. Enfin ! voilà des soldats, des cavaliers, des officiers de tous grades ; nous allons donc trouver à qui parler et, lorsqu'on saura que nous apportons des vivres désirés, nul doute qu'on ne nous fasse un accueil empressé. Un soldat passe ; je lui demande où loge le général Vinoy, il l'ignore ; un second, un troisième ne connaissent même pas ce nom-à ; ils ont l'air brisés de fatigue, mais ils conservent encore la force de stationner dans les cabarets. Ils sont là par centaines, toutes les armes confondues, remplissant la principale rue de Marles de cris, de jurons obscènes ; quelques-uns rompus par la marche dorment sur le trottoir ; les autres, pris de vin, trébuchent sur le corps de leurs camarades. C'est un spectacle navrant, et les chefs eux-mêmes se détournent avec découragement pour ne pas le voir. Un lieutenant, un capitaine, un colonel, ne peuvent, à leur grand regret, me dire où je trouverai le général et s'éloignent de nous avec une expression plutôt confuse qu'impatiente. — Passe un général avec son aide de camp. — Je l'arrête ; il m'écoute poliment et me répond : « Mon Dieu, monsieur, cette affaire-là regarde le général *** ; je regrette infiniment de ne pouvoir vous dire où vous le trouverez. » Il salue comme pour s'éloigner ; la colère me monte au cœur :

« Général, lui dis-je, connaissez-vous les dépêches? Et je lui tends ce télégramme que toute la France a lu avec épouvante ; le général et son aide de camp le parcourent avec avidité ; tous deux baissent silencieusement la tête et de grosses larmes tracent un sillon sur le visage du jeune homme. Ces larmes là-me réconfortent ; la France vit toujours dans les cœurs de ses fils ; je reprends courage et nous nous remettons à la recherche du général Vinoy.

Je pénètre dans une auberge où sont logés, nous dit-on, les officiers supérieurs ; je frappe vainement à plusieurs portes ; enfin, guidé par un bruit de voix, j'entre dans une pièce où se trouvent deux généraux à figure martiale ; plus de doute, je dois être en présence du général Vinoy :

« Général, nous amenons les subsistances et les wagons vides que vous avez demandés à Laon, par le télégraphe.

— Moi, monsieur ! répond-il, étonné et inquiet.

— Mais oui, général... n'ai-je pas l'honneur de parler au général Vinoy ?

— Non, fait-il, avec l'accent rassuré, soulagé, presque reconnaissant, d'un homme dont vous avez un instant compromis la quiétude et qui la retrouve tout entière.

— Mais, général, nous amenons des vivres; le temps presse; si le convoi n'est pas déchargé ce soir, demain les Prussiens l'auront; donnez-moi quelques hommes pour vider les wagons; envoyez-nous les écloppés dans une heure au plus tard, car il faut que le train retourne avant la nuit. Nous faisons là, général, un métier qui n'est pas le nôtre; ne pourrait-on du moins nous aider?

— Vous faites une œuvre méritoire, me répond-il; merci, monsieur. Mais, excusez-moi, je suis brisé, je ne puis plus marcher, j'ignore absolument ce dont il s'agit; tout le monde ici vous indiquera le logis du général Vinoy. »

En toute autre occasion, l'aventure eût été risible. Découragés, nous descendons vers la gare, résolus, dans la mesure de nos forces, à décharger nous-mêmes les wagons. A mi-côte, nous croisons un officier du train des équipages qui nous promet, après beaucoup d'instances, de nous envoyer des hommes et des voitures. — Une heure s'écoule, rien ne vient. — Pour en finir, nous déchargeons les deux wagons d'avoine dont les sacs s'empilent sur le quai de la gare.

Enfin nous voyons descendre de Marles deux charrettes, accompagnées par six soldats, sous la conduite d'un commis d'intendance. C'est au pain qu'ils en veulent; ils en enlèvent à peine la moitié d'un wagon.

« Et le reste? dis-je au commis.

— Je n'ai pas d'ordres.

« — Et l'avoine ?

— Cela ne me regarde pas. »

Je remonte rapidement à Marles ; la route est émaillée de soldats ivres ; quelques-uns, attablés devant la porte d'une auberge, entonnent, d'une voix avinée, un couplet de la *Marseillaise*. Un chasseur d'Afrique, ivre ou fou, roue de coups son pauvre cheval, le compagnon de ses fatigues ; dans sa rage, il cherche à lui briser les jambes en le faisant galoper à faux sur les trottoirs crevassés. N'y pouvant parvenir, il brise une partie de son fourniment dont il jette les débris dans le ruisseau. Ses camarades admirent et rient ; deux officiers, qui passent, détournent la tête pour ne pas voir ; un profond dégoût nous monte au cœur.

Arrivé à Marles, je supplie un officier supérieur, puisqu'il est impossible de parvenir jusqu'au général Vinoy, de faire enlever les subsistances et de donner des ordres pour que les blessés et les malades soient dirigés sur la gare ; je le presse instamment, car la nuit va venir ; les éclaireurs prussiens sont déjà signalés, il est urgent que le train rentre à Laon. Il me promet d'envoyer les malades ; quant aux subsistances, il me déclare que « *ce n'est point son affaire.* »

La nuit vient, en effet ; personne ne se montre ; nous accrochons au train, pour les ramener à Laon, ces wagons, pleins de vivres méprisés. Le chef de gare, qu'une foulure avait retenu chez lui, apparaît pour donner le signal du départ. Le chauffeur, grimaçant son éternel sourire ironique, pousse le levier de changement de marche et le train va s'ébranler lorsque, tout à coup, dans les dernières clartés du crépuscule, nous voyons se diriger vers la gare une troupe silencieuse. L'officier nous tenait parole : ce sont les écloppés ; ils sont là, quatre ou cinq cents, mornes, abattus, les pieds déchirés par la marche, ayant à peine la force de se hisser dans les wagons. Une heure après, nous les débarquions à Laon et nous cherchions des yeux, à l'arrivée comme au départ, les officiers d'intendance chargés de les recevoir et de les diriger ; les soldats, fatigués, s'étendirent sur le sol.

Quant aux trente mille litres d'avoine, le lendemain matin, au jour naissant, les uhlans prussiens daignèrent les trouver bons.

Tel était le spectacle que nous donna, le 4 septembre, ce malheureux corps d'armée : entraîné à marches forcées dans la direction de Sedan, arrivé près de Mézières le 1er septembre, c'est-à-dire trop tard pour entrer en ligne, ramené précipitamment en arrière, poursuivi sans relâche par les avant-gardes prussiennes avec lesquelles son arrière-garde dut échanger quelques bordées de mitraille, démoralisé par le sentiment de la défaite et par les causes morales si diverses qui n'échappent plus aujourd'hui à personne, il n'y avait plus en lui ni cohésion, ni ressort, ni respect du drapeau ; si elle eût eu quelques marches de plus à fournir sous la poursuite de l'ennemi, malgré la

vigueur de son général en chef dont l'autorité n'avait
plus prise sur l'abattement et la fatigue physique des
soldats, cette armée épuisée eût été ramassée en
détail par la cavalerie prussienne. J'ai beaucoup
entendu vanter depuis lors, comme un remarquable
fait d'armes, cette retraite du général Vinoy ; certes, il
y a lieu d'admirer que la fermeté d'un seul homme
ait pu entraîner jusqu'à Laon une armée où tout ce
qui constitue la grandeur du soldat avait disparu,
mais il ne faudrait pas exagérer la valeur de ce mouvement de retraite qui fut une lutte de vitesse entre la
fuite et la poursuite, sur un chemin tracé, sans dévia-
tion possible, plutôt qu'une série de mouvements
combinés. Il faut rendre justice à chacun : le général
Vinoy et son corps d'officiers ont rempli courageusement leur devoir ; mais, quelque pénible qu'il me
soit de le dire, les soldats n'ont point honoré leur
drapeau ; je l'ai vu, j'en témoigne ; et dussé-je froisser
le sentiment du lecteur, je proteste contre l'engouement
immérité dont ces divisions furent l'objet à leur ren-
trée dans Paris ; je considère comme un malheur pour
la défense nationale que ce corps où l'insubordination
et la démoralisation avaient atteint, à Marles, d'ef-
frayantes limites, ait été mis en contact avec nos
jeunes troupes de la garde nationale mobile, et, si ce
n'était évoquer des souvenirs douloureux, la déroute
de Châtillon fournirait un argument sans réplique à
l'appui de mon opinion.

Le 5 septembre, de grand matin, nous fûmes brusquement tirés de notre sommeil par un inspecteur du chemin de fer, Alsacien comme nous, qui gravissait bruyamment l'escalier de notre grenier et nous lançait ces mots retentissants : « La république est proclamée! » La république!... quoiqu'on s'attendît depuis quelques jours à la nouvelle d'une révolution dans Paris, chacun de nous croyait sortir d'un rêve. Les uns y puisaient la confiance dans le salut de la patrie ; les autres, soucieux, appréhendaient les discordes civiles ; tous se trouvaient en communion à la pensée qu'un gouvernement méprisé, qui avait pu nous entraîner dans un pareil abîme, succombait écrasé dans son ignominie. On afficha sur les murs de Laon la proclamation du gouvernement de la défense nationale ; le préfet donna sa démission ; aucun désordre apparent ne se produisit dans la ville, mais un bruit funeste circula pour la première fois : la ville de Laon refusait de se défendre.

Tout à coup nous entendons des coups de fusil dans la plaine, immédiatement suivis de ce cri : Aux armes! voilà les Prussiens! On se précipite aux remparts : c'était une fausse alerte et l'on apercevait distinctement au loin, dans la campagne, l'avant-garde du corps d'armée Vinoy qui, parti de Marles dans la nuit, arrivait au terme, non de ses fatigues, mais de la partie périlleuse de sa retraite. Pendant que le 75ᵉ et le 81ᵉ de ligne, qui se reposaient à Laon depuis quatre jours, s'embarquaient à la gare pour rentrer dans Paris, les divisions Vinoy installaient leur campement dans la plaine, et, malgré l'abattement général, il était facile de discerner chez les nouveaux venus la satisfaction de se sentir en sécurité sous le canon d'une citadelle.

Un chef de bataillon me prie de le conduire dans une auberge pour y prendre quelques aliments et quelques heures de repos. Nous parcourons tout un faubourg; les maisons sont closes et verrouillées; en voici une enfin dont nous ne soulevons pas en vain le loquet. Nous y trouvons un vieillard, seul, debout contre l'âtre enfumé; ses yeux gris brillent dans des orbites profondes.

« Que voulez-vous? demande-t-il d'une voix rauque.

— Quelque chose à manger, mon brave; on vous payera.

— Êtes-vous des gens tranquilles au moins?

— Parbleu! regardez-nous.

— Et vous n'en amènerez pas d'autres avec vous?

— Non, parole d'honneur, — dit l'officier.

— Eh bien, je ne veux pas de votre argent et vous aurez le lapin tout de même, — c'est le dernier, voyez-vous, — et les pommes de terre avec. — Je suis un vieux militaire, moi; le cantonnier Vallée, tout le pays me connaît; j'ai mon garçon au service, le diable lui-même ne me dirait pas si les Prussiens l'ont pris; — mais si ces gueux-là viennent chez nous, ils n'entreront pas ici, m'entendez-vous? foi de Vallée, c'est moi qui vous le dis, aussi vrai que voilà le rouillé »; et ses yeux d'acier semblaient vouloir décrocher un vieux fusil à piston, suspendu au-dessus de la cheminée.

« La race en est éteinte », dis-je tout bas à l'officier en serrant la main au vieux brave dont j'ai conservé le nom.

Cependant l'artillerie s'ébranle et dirige sa retraite sur la Fère; des convois multipliés commencent l'évacuation des bataillons les plus fatigués dans la direction de Soissons; les foulures sont nombreuses et la petite ambulance que nous installons dans une des salles d'attente de la gare n'est point inutile; les soldats et les officiers s'y succèdent, et le docteur C... peut à peine suffire au pansement des entorses. Que ne puis-je relater dans leurs détails nos entretiens avec les officiers! Ils sont découragés, indignés; la discipline est morte, et leur autorité leur échappe. N'ai-je pas entendu moi-même un misérable, qui ne mérite pas le nom de soldat, murmurer une menace de mort, « à la première affaire !.. » en jetant sur son capitaine un regard sinistre! Malheureuses troupes! l'infortune et l'oubli du devoir en ont fait un vil troupeau, sans âme, sans noblesse, injustes, affolés. « Que faire de pareils hommes? » nous dit un officier; nous ne trouvons rien à lui répondre.

Des sentinelles perdues s'abritent au loin derrière des meules de foin, les soldats ont dressé leurs tentes tout autour de la raffinerie; la nuit tombe. Nous nous étendons sur des civières, dans la salle d'attente, pour être prêts à toutes les éventualités de départ ; car, d'un moment à l'autre, il sera nécessaire de couper la voie. Les derniers feux du camp s'éteignent ; peu à peu le silence se fait et chacun s'endort lourdement, oubliant ses misères.

Le départ du dernier train qui devait, le 6 septembre, emmener le général Vinoy et son état-major était fixé à sept heures du matin. Les trois derniers mille hommes de son corps d'armée pliaient leurs tentes pour partir une heure plus tard ; il n'y avait plus d'engagements à prévoir sous le canon de Laon, où, d'ailleurs, des ambulances, abondamment pourvues, avaient été établies par un comité local, dès le début de la guerre ; notre campagne hospitalière touchait donc à son terme, et, après une courte délibération, nous préparâmes notre départ.

Jusqu'à la dernière heure, il nous faut être témoins d'actes d'indiscipline : une bande de soldats quitte les rangs pour envahir un cabaret voisin qu'une simple barrière sépare de la gare. Un général, dont je pourrais donner le nom, se place devant eux et leur ordonne de retourner dans les rangs ; ils l'écartent brutalement et franchissent la barrière. Celui-ci hausse les épaules avec une indéfinissable expression de découragement et d'impuissance, et rejoint l'état-major qui prend place dans les wagons.

La pluie tombe à torrents ; des rafales de vent

d'ouest chassent avec fureur des nuages noirs sur un ciel sombre. Nous prenons tristement congé de la neuvième ambulance, chacun jette un regard pensif et interrogateur sur la vieille cité, et le train nous emporte. Voici la Fère, qui s'est fait un rempart avec l'inondation; voici Tergniers, Compiègne, Chantilly, enfin Paris, l'âme de la France!

Le soir, je réunis mes compagnons pour la dernière fois; la séparation fut grave et sérieuse. Nous avions la conscience d'avoir tenté, dans cette seconde étape, tout ce qui était en notre pouvoir pour arriver au but que nous avions atteint à Frœschwiller et à Saint-Privat; nous avions appris à nous estimer et à nous aimer; demain, de nouveaux devoirs allaient s'imposer à chacun de nous, et nous avions, tous, puisé, dans l'émouvant spectacle de notre infortune, la force de les accomplir. On se serra fraternellement la main, le cœur oppressé, en se disant : Au revoir !

Mes chers compagnons, devons-nous jamais nous revoir?

CONCLUSION

Quatre mois se sont écoulés depuis les événements que nous avons relatés : dans un patriotique élan, de nouvelles armées ont été formées ; elles sont défaites, elles sont anéanties ! Paris, qui a voulu résister jusqu'à la famine pour le salut commun, Paris vient de capituler pour avoir du pain ! Tous les efforts ont été vains ; le malheur s'est abattu sur notre pays, qui se laisse volontiers aller à voir une fatalité dans la persistance de nos revers. N'en cherchons pas les causes ailleurs qu'en nous-mêmes ; fatalité est un mot creux, et la seule raison de notre infortune, c'est qu'on ne peut reconstituer en quelques mois ce qu'une génération a laissé tomber en ruine. Écartée de la vie politique par vingt années de pouvoir personnel, appesantie par une apparente prospérité matérielle, en retard de trente ans sur l'extension de l'instruction primaire, dégradée dans ses goûts par une littérature malsaine, écrasée par

les aventures où l'a entraînée l'abdication de ses libertés, la France a voulu vainement chercher son salut
dans un glorieux désespoir. Ce n'est ni des soldats ni
des canons qu'il faut, à l'heure présente, attendre le
relèvement national, et si le vainqueur nous impose
aujourd'hui sa loi, il ne le doit point à ce hasard qu'on
appelle les chances de la guerre, mais à l'incontestable
supériorité de son tempérament pratique, logique,
persévérant, épris fermement de son devoir.

Depuis quatre ans, l'Allemagne entière considérait
une collision avec la France comme inévitable ; une
fois entrée dans les esprits, cette éventualité redoutable
est devenue l'objet de tous les efforts, de toutes les
prévoyances : matériel de guerre, intendance, glorifi-
cation de la discipline, émulation intelligente des officiers, étude du territoire ennemi, application de la
science à tous les procédés de la guerre, télégraphie,
approvisionnements, transports, tout est devenu pour
ces esprits laborieux un sujet de calcul et de méditation.
Que faisions-nous pendant ce temps? chacun s'endor-
mait sans souci dans le bien-être matériel et dans la
mollesse, auxiliaires perfides du Pouvoir. Aussi, lorsqu'est venu le moment de la lutte, nos ennemis nous ont
donné l'étonnant spectacle d'un million d'hommes, con-
centrés en quinze jours, marchant avec l'ordre et la
discipline de bataillons à la parade, culbutant métho-
diquement nos armées, exécutant avec une précision
mathématique les plans dressés depuis des années dans

le cabinet de **M.** de Moltke, tandis que nous, presque surpris bien qu'agresseurs, nous étions arrêtés dès les premiers pas par l'incapacité de notre intendance, l'absence de plans concertés, l'insuffisance des officiers, l'indiscipline effrayante des soldats. Non, malgré le formidable armement de l'Allemagne, gardons-nous de confondre l'effet avec la cause et de nous croire vaincus par le nombre ou par les canons. Si ce peuple a pu triompher de nous, c'est par son admirable entente à s'assouplir d'avance à toutes les exigences d'une question pour lui nationale, à tous les sacrifices qui profitent à la patrie, pendant que nous semblions, au contraire, nous désintéresser de la chose publique.

J'admets que le tempérament soit pour beaucoup dans ces phénomènes : le nôtre est fantaisiste ; l'ordre et la méthode nous répugnent ; nous avons l'horreur des détails et du travail persévérant ; en politique, nous sommes hommes de partis et non pas d'action ; il nous faut des topiques souverains, immédiats ; un développement progressif ne plaît à personne, et nous nous lançons sans étude dans les exagérations de tous les systèmes. L'esprit germanique est, au contraire, spéculatif, pratique et persévérant ; il sait entrevoir la grandeur d'un but, et, malgré son utilité lointaine, se plier à la lenteur des moyens ; il saisit merveilleusement les lois de la solidarité, et je n'en veux pour exemple que l'aspect de l'Allemagne en 1870. Au premier bruit de guerre, tous les éléments intérieurs de discordes se sont effacés, toutes les résistances locales à l'absorption prussienne se sont évanouies ; contre l'ennemi commun, tous ces éléments si divers, Saxe, Hanovre, Nassau, Hesse, Bade, Bavière, Wurtemberg, se sont retournés avec une foudroyante unanimité. Quinze jours ont suffi à transformer en un camp immense cette vaste confédération, qui, depuis quatre années, achevait en silence, sans troubler les travaux de la paix, la puissante organisation militaire sous laquelle nous succombons.

Si les tempéraments des peuples diffèrent et constituent entre eux des infériorités, c'est à leur éducation nationale de profiter des qualités propres à chacun d'eux pour maintenir un équilibre nécessaire à la liberté des nations. Il y a là matière à de longues études qu'il ne m'appartient pas d'aborder ; mais la moralité qui, pour moi, se dégage de notre infortune, c'est que la base de notre éducation politique doit être désormais l'instruction primaire ; c'est aujourd'hui le cri de toutes les consciences ; elle seule peut faire des hommes de devoir, citoyens ou soldats, et leur donner la liberté durable ; elle seule peut faire la grandeur d'un pays et son indépendance ; elle seule a fait la supériorité de l'ennemi qui nous écrase. Nos désastres sont incalculables, mais de tant de mal il peut sortir un grand bien si nous savons nous humilier devant les enseignements qu'ils nous donnent. Il n'est pas facile, je le sais, de nous faire entrer dans l'esprit que les leçons sont faites pour nous; nous admettons volontiers que nous sommes le premier peuple du monde; nous nous payons de déclamations sonores qui flattent notre vanité. N'est-ce point assez d'illusions! Quand donc nous verrons-nous tels que nous sommes, je veux dire en retard vis-à-vis des peuples qui grandissent à nos côtés.

Telle est aujourd'hui notre situation :

Un tiers de la France est envahie ;

Paris a capitulé ;

L'indiscipline est dans les camps ;

L'ignorance est partout.

Nos intendances!... il n'y en a plus.

Écrasée sous ses défaites, la nation va courber la tête; vaincue, mais non plus sans honneur, il lui faudra peut-être subir une loi sauvage et marquer sa frontière au premier champ de la Lorraine; des régions françaises vont nous être ravies; mais la force est éphémère et le droit est éternel; ces provinces nous reviendront après de nouveaux combats auxquels il faut se préparer. Retrempés dans nos épreuves, instruits par une épouvantable expérience, faisons converger nos forces vives vers un seul but que chacun définit en sa conscience par cette double formule : relèvement moral et réorganisation militaire.

Les premiers pas à faire dans cette voie me paraissent clairement indiqués et sont pour moi la conclusion naturelle de ce récit; je les résume en ces termes :

L'instruction primaire obligatoire ;

Le service militaire obligatoire, sans remplacement ;

Le rétablissement, par tous les moyens, de la discipline militaire ;

La réformation radicale de nos intendances.

Si toutes les conditions de ce programme sont rigoureusement acceptées et remplies, la France, à l'heure fatale de la revanche, pourra se présenter devant les spoliateurs allemands avec tous ses fils, et, ce jour-là, la première armée nationale française, formée de citoyens appartenant indistinctement à toutes les classes de la société, vaincra, parce qu'elle aura pour bouclier le Droit et pour glaive le Devoir !

TABLE

Achevé d'imprimer

LE 10 MARS MIL HUIT CENT SOIXANTE-ONZE

PAR J. CLAYE

POUR A. LEMERRE, LIBRAIRE

A PARIS